如何写好信贷报告

郝学民 著

机械工业出版社
CHINA MACHINE PRESS

本书依照信贷报告核心逻辑，构建"人–事–风险–兜底"四维体系解构复杂项目评估框架。在借款人可靠性、借款用途合理性、风险拆解及第二还款来源兜底方面，分别建立针对性模型、图谱与标准。方法论上，突破传统财务分析，提出"经营–财务循环逻辑"验证法，整合现金周期等模型量化贷款合理性，构建"融智"体系，助力银行向价值赋能者转型。

本书核心内容源自作者在银行工作时的实际经验以及相关的授课讲义。全书体系完整、逻辑清晰、实战性强，适合信贷从业人员、企业家、管理者阅读。

图书在版编目（CIP）数据

如何写好信贷报告 / 郝学民著. -- 北京：机械工业出版社, 2025.6. -- ISBN 978-7-111-78393-0

Ⅰ.F830.5

中国国家版本馆 CIP 数据核字第 202556KB28 号

机械工业出版社（北京市百万庄大街 22 号 邮政编码 100037）
策划编辑：石美华　　　　　　　　责任编辑：石美华　戴樟奇
责任校对：李　霞　王小童　景　飞　责任印制：刘　媛
三河市骏杰印刷有限公司印刷
2025 年 7 月第 1 版第 1 次印刷
170mm×230mm・14.5 印张・1 插页・165 千字
标准书号：ISBN 978-7-111-78393-0
定价：89.00 元

电话服务　　　　　　　　　网络服务
客服电话：010-88361066　　机 工 官 网：www.cmpbook.com
　　　　　010-88379833　　机 工 官 博：weibo.com/cmp1952
　　　　　010-68326294　　金 书 网：www.golden-book.com
封底无防伪标均为盗版　　　机工教育服务网：www.cmpedu.com

PREFACE
前 言

在金融领域摸爬滚打以及从事教学工作的这二十余年里,笔者积累了上千场的培训和咨询项目经验。在这个过程中,笔者发现一个普遍存在的问题:很多信贷经理在撰写信贷报告时存在相当多的困难。

有人认为信贷报告的撰写门槛较低,只要机械地套用模板,就能够完成一份报告。其实,套用模板更多适用于那些简单、在认知上没有分歧的项目,这类项目也是各家银行竞争的焦点。至于那些情况复杂、存在诸多分歧的项目,仅凭套用模板根本无法将其阐述清楚。一些信贷经理往往只知模仿,不了解背后的逻辑、结构,更不知道脱离模板后该如何深入思考并形成对企业的实质性认知。

基于多年的教学与项目辅导经验,笔者决定撰写本书。对于新入职和新转岗的信贷经理,笔者希望他们通过阅读本书,面对项目时能明白从何处着手思考,哪怕一开始思考得不够深入,也能掌握正确的思考方向,而非单纯模仿。对于资深信贷经理,本书旨在帮助他们构建结构化的思考能力,系统地完善知识体系,弥补自身短板,从而拥有风险管理专家的视角和深度。

信贷报告的撰写既是一门科学，也是一门艺术。它描述了借款人的信誉和计划，成为金融机构决策的重要依据。借贷的本质是"借款人借钱去做事"，而信贷报告则是对这一行为的深度剖析，也是对信贷经理风险管理能力的全面考验。

信贷报告的撰写结构，始终围绕着"人"和"事"展开。报告的第一个逻辑环节是评价"人"——借款人是否靠谱。如果借款人不靠谱，那么无论借款用途是什么，这笔钱都不应该借出，就像你不会把钱借给一个自己不了解或不信任的人一样。

如果对借款人的评价结果是靠谱的，报告的第二个逻辑环节就要看"借款人借钱去做的事情"，也就是借款用途是否靠谱。如果借款用途也是靠谱的，那么"借款人借钱去做事"这一行为就具备了基本的安全性。

但现实往往比理论复杂，这个世界上既不存在完全靠谱的借款人，也不存在完全靠谱的借款用途。当然，如果借款人和借款用途有一个不靠谱，信贷经理也就没有必要继续考虑这笔贷款了。因此，信贷报告的撰写是在借款人和借款用途均基本靠谱的前提下进行的。信贷经理需要在基本靠谱的筛选前提下，识别可能的剩余风险点，并在报告中描述这些风险点，进行风险提示，同时，基于这些剩余风险点，制定相应的应对策略，这对应了信贷报告的第三个逻辑环节——风险提示及其应对策略。这类似于出门前查看天气预报：先明确是否存在风险，如果风险超出了承受范围，则不出门。如果风险没有超出承受范围，应明确具体风险并采取相应的防范措施，将可能的风险损失降低到可接受的低水平。

信贷报告的最后一个逻辑环节是"第二还款来源"。虽然经过了借款人是否靠谱的筛选和对借款用途是否靠谱的鉴别，并在两者基本靠谱的基础上，信贷经理对剩余风险进行了识别和应对，但仍不能排除这样的可能性：有的剩余风险未被识别出来，或者虽未遗漏剩余风险，但针对性的风险应对策略未能有效发挥作用。这时，就需要第二还款来源，比如抵押物或担保人，作为兜底，为该笔贷款提供额外的安全保障。

综上所述，一份好的信贷报告需要包含足够的信息，来评估借款人及其计划事项的可靠性。报告要清晰地展示风险分析过程，得出风险预警结论，并有针对性的风险应对措施。特别要注意的是，第二还款来源是否能够提供足够的风险缓释，这是信贷报告中风险管控链条上的最终保障环节。

如果金融机构评估后认为，能够承受第二还款来源缓释后的风险，就可以发放这笔贷款，但需要持续跟踪和管理这些风险，以防范借款人违约。当然，除了相关的风险分析，做出信贷决策还要考虑贷款银行的风险偏好。

本书将按照信贷报告的结构展开内容，但不会止步于简单的格式说明。本书将深入剖析信贷报告结构的设计逻辑、背后所蕴含的意义，以及该结构试图解决的问题。

完成信贷报告撰写，帮助企业"融资"后，本书最后一章跳出银行的传统定位，聚焦"融智"服务。随着市场竞争加剧和企业资金管理复杂化，银行须利用专业优势和资源整合能力，从为企业融资转向提供综合金融服务，助力企业提升竞争力，实现银企共赢。

接下来，逐一介绍各章的主要内容：

第 1 章 "信贷经理的三重境界"：简述信贷经理在职业成长中不同阶段面临的挑战，并将各个阶段的挑战与相应章节对应起来，以帮助信贷经理找到针对性的支持与解决方案。

第 2 章 "贷款项目介绍与资金测算"：简要描述借款人信息；针对流动资金贷款，深入探讨贷款金额的计算方法。

第 3 章 "借款人评价"：深入探讨评估借款人可靠性的要素。

第 4 章 "偿债能力评价的困境与假设"：虽然本章内容在信贷报告中没有直接对应的部分，但本章强调的假设与各假设之间的逻辑是构建信贷报告框架的基石，揭示了信贷报告如何通过一系列科学设计，确保其评估结果既科学又实用。

第 5 章 "经营分析"和第 6 章 "财务分析"：分析评估"借款用途"针对的业务是否可行的要素。

第 7 章 "风险提示及其应对策略"：阐述如何识别和应对贷款面临的风险。

第 8 章 "第二还款来源"：系统介绍如何通过第二还款来源进行风险缓释。

第 9 章 "从融资到融智：银行综合金融服务的新方向"：探讨如何深度参与客户经营、投资与融资活动，实现从资金支持向全方位赋能的转变。

通过阅读本书，读者将收获深刻的启发和显著的成长，主要体现在以下四个方面。

掌握完整实务流程：本书的架构参照了信贷报告的基础模板，紧扣实务主题。从开篇到结尾，每一部分的先后顺序，都与操作流程紧密相连。读者在阅读过程中，能够把握一份信贷报告乃至一个项目的完整思考路径，了解每个步骤如何与实务模块匹配。可以说，这是一本具有实操价值的实践手册，为读者在信贷领域的工作提供了清晰的指引。

洞悉核心逻辑：人工智能（AI）使得优质模板更易获取，基于人工智能技术，按模板快速生成信贷报告已成为现实。然而，人工智能的协助效果高度依赖提示词的质量，而优质提示词的设计，离不开对模板背后设计逻辑的深刻理解。只有掌握了这些逻辑，信贷经理才能真正发掘人工智能的潜力，让其生成符合要求的报告。对于复杂项目，仅依赖模板难以满足需求，信贷经理还需要深入理解风险判断的底层逻辑，结合人工智能的能力，才能做出更精准的判断。

本书第4章提炼出八个重要假设，这些假设构成了模板设计的核心逻辑框架。通过掌握这些框架，读者不仅能理解报告的撰写步骤，更能深入洞察每个步骤背后的原理与意义。随着实践的深入，读者对这些逻辑的理解将逐步深化，从而推动个人能力的持续提升。

突破风险认知，拓展业务边界：本书始终秉持的理念是"天下没有不能做的项目，只有风险提示不到位或风险应对策略无效的项目"。这样的认知视角，能够帮助读者打破传统风险认知的局限，重新审视每一个项目背后的潜在价值。随着对风险理解的深入以及风险应对能力的提升，读者在工作中，定能挖掘更多的业务机会，开拓更广阔的市场空间。

深化融智理念，助力银企共赢：本书从历史演进与未来发展的双重视角，深度剖析银行定位，明确其在金融体系中的关键作用。同时，结合银行本质功能和企业当下需求，本书阐述了如何将银行标准化产品精准嵌入企业具体管理工作，助力企业应对复杂环境中的诸多难题。

通过帮助企业"融智",信贷经理将从单纯的融资服务提供者,转型为综合金融服务的引领者,从而推动银企更深入合作。

本书的内容源自十多年来笔者授课形成的教学讲义,创作时虽尽力标注引用,但因时间太久,很多引用的出处难以追溯,部分内容已分不清是否为直接引用,在此,笔者向所有被参考的作者致谢。

CONTENTS
目　录

前　言

第1章　信贷经理的三重境界　/1

1.1　知其然：掌握报告的基本框架　/1

1.2　知其所以然：理解框架背后的逻辑与规律　/3

1.3　突破框架：打破风险禁锢，掌控金融机遇　/4

第2章　贷款项目介绍与资金测算　/5

2.1　营运资金需求测算　/5

2.2　现金周期　/7

第3章　借款人评价　/12

3.1　自然人评价　/13

3.1.1　还款意愿　/13

3.1.2　还款能力　/16

3.2　法人评价 / 18
　　3.2.1　股东背景 / 18
　　3.2.2　公司治理 / 19

第 4 章　偿债能力评价的困境与假设 / 21

4.1　偿债能力评价的困境 / 21
　　4.1.1　洞察信贷评估关键缺失 / 21
　　4.1.2　八维假设锚定未来偿债 / 23
4.2　偿债能力评价的八个重要假设 / 24
　　4.2.1　产能增长的假设 / 24
　　4.2.2　产量增长的假设 / 25
　　4.2.3　销量增长的假设 / 27
　　4.2.4　收入增长的假设 / 29
　　4.2.5　成本稳定的假设 / 30
　　4.2.6　环境有利的假设 / 30
　　4.2.7　财务真实的假设 / 31
　　4.2.8　财务可靠的假设 / 32

第 5 章　经营分析 / 33

5.1　运营模式分析 / 33
5.2　市场分析 / 38
5.3　产业分析 / 43
　　5.3.1　购买者的议价能力 / 44
　　5.3.2　同业竞争者的竞争强度 / 45
　　5.3.3　新进入者的威胁 / 46
　　5.3.4　替代品的威胁 / 47
　　5.3.5　供应商的议价能力 / 49

5.4 宏观环境分析 / 49
 5.4.1 政治 / 50
 5.4.2 经济 / 51
 5.4.3 社会 / 53
 5.4.4 技术 / 54

第6章 财务分析 / 57

6.1 财务的真实性判断 / 57
 6.1.1 风险导向型审查方法 / 58
 6.1.2 经营逻辑与财务逻辑的匹配审查 / 69

6.2 财务的循环逻辑与偿债能力评价 / 75
 6.2.1 财务的循环逻辑 / 75
 6.2.2 偿债能力的评价逻辑 / 78

6.3 偿债能力分析之利润表分析 / 79
 6.3.1 利润表的基本概念和作用 / 80
 6.3.2 利润表分析的核心逻辑 / 81
 6.3.3 利润表项目的逐项分析 / 85
 6.3.4 偿债能力分析：利息倍数 / 95

6.4 偿债比率分析之资产负债表分析 / 97
 6.4.1 资产负债表的核心逻辑 / 97
 6.4.2 资产负债表的逐项分析 / 99
 6.4.3 偿债能力分析：匹配原则与综合考量 / 112

6.5 偿债比率分析之现金流量表分析 / 113
 6.5.1 现金流量表的三项活动分类 / 114
 6.5.2 为什么经营活动现金流分析是不可或缺的 / 118
 6.5.3 投资活动现金流，信贷经理可能误读了什么 / 131
 6.5.4 资本结构是兜底的，是现金安全的最后一道防线 / 133

第 7 章　风险提示及其应对策略　/ 141

7.1　风险管理的逻辑与风险偏好　/ 141
  7.1.1　风险的定义　/ 141
  7.1.2　风险偏好与风险承担　/ 142

7.2　风险应对策略　/ 144
  7.2.1　风险规避　/ 144
  7.2.2　风险对冲　/ 145
  7.2.3　风险转移　/ 146
  7.2.4　风险控制　/ 147
  7.2.5　风险承担　/ 150

7.3　风险类别与应对策略　/ 151
  7.3.1　战略与外部环境风险　/ 153
  7.3.2　运营层级风险　/ 164
  7.3.3　财务层级风险　/ 173

7.4　风险关联性　/ 181
  7.4.1　从表面风险到隐藏风险的全面分析　/ 181
  7.4.2　风险关联性分析的应用场景和作用　/ 184

第 8 章　第二还款来源　/ 187

8.1　第二还款来源的定义和意义　/ 187
8.2　三个原则　/ 188
  8.2.1　选得准　/ 188
  8.2.2　还得上　/ 191
  8.2.3　争得赢　/ 195
8.3　第二还款来源信息构建　/ 197

第 9 章　从融资到融智：银行综合金融服务的新方向　/ 199

9.1　银行的历史渊源：从结算到融智　/ 199

9.1.1　山西票号的创新：从结算到借贷的功能演进　/ 199

9.1.2　从融资到融智：银行的现代定位　/ 201

9.2　企业现金管理策略：保障现金循环与加快现金周转　/ 203

9.2.1　保障现金循环不中断　/ 204

9.2.2　加快现金周转　/ 207

9.3　银行的全方位赋能：经营、投资、融资活动中的深度参与　/ 210

9.3.1　经营层面：结算服务的基础支持　/ 210

9.3.2　投资层面：专业评估与资源对接　/ 210

9.3.3　融资层面：从资金支持到智力赋能　/ 212

后　记　/ 215

CHAPTER 1
第 1 章

信贷经理的三重境界

就撰写信贷报告而言,信贷经理从新手成长为资深人士,需要经历三重境界:知其然、知其所以然、突破框架。每个境界都有其独特的挑战和成长路径,信贷经理如能不断学习、实践和反思,逐步提升自己的专业能力,就能体会这三重境界的内涵。

1.1 知其然:掌握报告的基本框架

初入职时,信贷经理撰写的报告常存在诸多信息缺失问题。起初,人们将问题归咎于缺乏专业培训。银行通常的做法是提供信贷报告撰写模板,并针对性传授财务、法律等专业知识。然而问题却难以彻底解决,即便勉强按模板照猫画虎写完信贷报告,上评审会时,信贷经理也会遭遇难以把项目阐述清楚的尴尬局面。

深入分析会发现，信贷经理的问题并非报告撰写能力不足，而是尽职调查未做好。信贷经理在企业做尽职调查时，不知该问哪些问题，缺乏合理的提问策略，导致信息收集不足。巧妇难为无米之炊，信贷经理在这种情况下自然无法完成一份完善的信贷报告。

于是，管理层大多尝试加强尽职调查培训来解决问题，但效果欠佳、见效慢。实际上，尽职调查没做好的根本原因是，信贷经理对信贷报告缺乏全面认知，不能清楚报告各部分需要怎样的信息，以及报告中各个部分之间是怎样相互关联的。须知尽职调查主要是为了撰写完善的信贷报告，若对报告各个部分及整体结构无清晰认知，就难以围绕报告的撰写来进行有效提问。

随着撰写报告经验的增加，信贷经理对报告各个部分逐渐熟悉，在尽职调查中，也就能够针对报告内容提出关键问题，并精准关联到具体部分。对报告整体结构越发熟悉后，提问更加精炼，能以最少问题获取丰富信息，从而有效完成信贷报告的撰写。此时，信贷经理达到了第一重境界。

初入职的信贷经理面对的问题，可以通过阅读本书的第 2 章（贷款项目介绍与资金测算）、第 3 章（借款人评价）、第 5 章（经营分析）、第 6 章（财务分析）和第 8 章（第二还款来源）来解决。这几章详细阐述了如何评价借款人的可靠性，如何分析企业的经营和财务风险，如何设定第二还款来源，从而帮助信贷经理完成一份信息完整的报告。达到第一重境界的标准是，信贷经理能够撰写一份完善的信贷报告，并在评审会上清晰完整地阐述报告内容。

1.2　知其所以然：理解框架背后的逻辑与规律

达到第一重境界后，信贷经理虽然能够撰写一份信息完整的报告，但在评审会上常常难以应对评审委员的深入提问。尤其是评审委员针对某些有疑问的点提出深刻质疑时，信贷经理难以给出令人信服的回答。问题的根源在于，信贷经理获取的信息可能存在虚假成分，导致逻辑上的不一致。客户可能是因为记忆模糊，提供了错误的信息，也可能存在恶意造假行为。信贷经理对报告背后的逻辑（如相关经济规律和经营常识）缺乏深入理解，导致他们无法有效辨别信息的真伪。

第一重境界的突破关键在于理解信贷报告背后的逻辑与规律。信贷经理不仅要知道报告的结构和内容，还要明白每一部分的设计逻辑，以及它背后的经济规律和经营常识是什么。例如，为什么需要详细分析企业的现金流？为什么需要关注行业周期？宏观要素是怎样关联到企业偿债能力的？这些问题的答案，能够帮助信贷经理发现逻辑矛盾，辨别信息的真伪。

当信贷经理能够深入理解报告背后的逻辑后，他们便能够验证信息真伪，撰写出更具说服力的报告。此时，信贷经理达到了第二重境界，不仅能够清晰完整地阐述项目，还能应对评审委员各个角度的深入提问。

达到第一重境界的信贷经理面对的问题，可以通过阅读本书的第4章（偿债能力评价的困境与假设）来解决。这一章深入探讨了信贷报告背后的逻辑假设，帮助信贷经理理解报告的设计思路和整体性，并通过一系列的逻辑假设，指导他们辨别信息的真伪，从而更好地应对评审的质疑。

1.3 突破框架：打破风险禁锢，掌控金融机遇

达到第二重境界后，信贷经理仍然可能面临项目被否决的情况。但是，同样的项目由不同的信贷经理汇报，结果可能截然不同；或者一家银行否决的项目，在另一家银行却能够被通过。排除非专业因素，核心原因在于信贷经理的风险分析和风险应对能力存在差异。

达到第三重境界的信贷经理不仅能够基于信贷报告框架开展调查和撰写报告，还能够突破框架的限制，灵活应对各种复杂情况。信贷经理会根据企业、行业以及外部宏观环境的特殊性，针对性地分析企业风险，并协同企业管理风险。对于无法完全化解的风险，信贷经理能够通过对企业管理团队的评价与核心能力的辨析，让风险管理部门或评审委员相信企业具备承担风险的能力。

第三境界的达成在于信贷经理对风险的本质有了更清晰和更深入的认知，他们知道哪些风险需要管理、如何管理，哪些风险可以承担、如何承担。在此基础上，银行通过风险定价和大数法则，合理分散风险，承担需要承担的风险，并获取风险溢价。这种能力不仅能够提升项目的过会率，还能够为银行创造更大的价值。

达到第二重境界的信贷经理面对的问题，可以通过阅读本书的第7章（风险提示及其应对策略）来解决。这一章详细阐述了如何识别和应对借款企业面临的风险，如何与借款企业合作合理分担风险，从而帮助信贷经理打破风险禁锢，掌控金融机遇。

这三个境界不仅是信贷经理专业成长的路径，也是撰写高质量信贷报告的核心能力基础。通过对报告结构、经济逻辑和风险管理的深入理解，信贷经理能够逐步提升自己的专业素养，从而在复杂的金融环境中做出精准的决策。

CHAPTER 2
第 2 章

贷款项目介绍与资金测算

2.1　营运资金需求测算

在对借款人展开风险分析前，首先需要对贷款项目进行简要介绍，包括借款企业情况、贷款类型、贷款金额、贷款利率以及贷款用途等相关内容。其中，贷款金额的确定是一个难点。随着技术的发展，贷款金额可以通过在系统中输入历史数据，运用营运资金需求测算公式自动得出。但由于输入的是历史数据，而未来企业经营政策可能发生变化，所以真实的资金需求额度要根据政策变化做出适当调整。

实际信贷业务中，信贷经理尤其是新入职的信贷经理，在解决这个问题时会遇到不小的困难。公式计算得到的营运资金需求额度，常小于企业申请的贷款额度。这种情况大多来源于企业经营政策的变化，信贷经理需要与审批部门沟通这种变化，从而对资金需求测算公式中的输入数值进行调整，进而得到企业需要的资金数量。这就要求信贷经理不仅要掌握公式本身，更要理解其背后的逻辑。

营运资金需求测算公式：

$$\text{营运资金需求量} = \frac{\text{上年度销售收入} \times (1 + \text{预计销售收入年增长率}) \times (1 - \text{上年度销售利润率})}{\text{营运资金周转次数}}$$

营运资金是企业运营过程中需要的资金，就像人体中的血液。血液在人体中不断循环，为身体各个部分提供氧气和营养。营运资金在企业组织中不断流动，为采购、生产、销售等环节提供必要的支持。没有血液，身体无法运转。没有营运资金，企业也无法正常运转。

要理解营运资金的需求量，首先需要明白资金需求是如何伴随着生产经营产生的。企业通过出让产品或服务来获得销售收入。出让产品或服务需要先投入一定数量的资金，以生产出这些产品或服务。那么，企业需要投入多少资金呢？可以用以下公式计算：

$$\text{资金投入} = \text{上年度销售收入} \times (1 - \text{上年度销售利润率})$$

例如，甲企业上年度销售收入是 100 万元，销售利润率是 20%，那么为了获得这 100 万元的收入，企业实际上需要投入的最大资金额是 80 万元。这 80 万元，就是企业在上年度为了实现销售收入而必须付出的代价。

但甲企业并不满足于现状，它期望增长，这也是企业需要贷款的原因。这时，甲企业需要将预计的销售收入年增长率纳入考虑，得到新的资金需求。假设预计的销售收入年增长率是 15%，那么为了达到 100 万元 × (1 + 15%) = 115 万元的销售收入，企业预计需要投入的最大资金额将增加到 92 万元。

$$\begin{matrix}\text{增长后的}\\\text{资金投入}\end{matrix} = \begin{matrix}\text{上年度}\\\text{销售收入}\end{matrix} \times \left(1 + \begin{matrix}\text{预计销售收}\\\text{入年增长率}\end{matrix}\right) \times \left(1 - \begin{matrix}\text{上年度销售}\\\text{利润率}\end{matrix}\right)$$

$$= 100 \text{ 万元} \times (1 + 15\%) \times (1 - 20\%)$$

$$= 92 \text{ 万元}$$

考虑到一年内 115 万元的销售收入并非一次性获得，而是企业通过多次交易实现的。所以，企业也并非必须一次性投入 92 万元的资金。一个经营年度内，企业会多次收款、多次付款，这就涉及资金周转次数。如果资金一年内周转两次，意味着 115 万元的销售收入是通过 2 次交易获得的。那么，企业实际上只需要投入资金 92 万元 ÷ 2 = 46 万元（而不是 92 万元），即可维持正常经营状态。

这里提到的资金一年内周转 2 次，涉及对现金周期的理解——现金从支出到收回所需的时间。假设一年 360 天，资金周转次数为 2 次，意味着现金从支出到收回的时间为 180 天，即现金周期为 180 天。企业为了获得 115 万元的销售收入，需要营运资金 115 万元 × (1 - 20%) /2 = 46 万元。如果现金从支出到收回的时间为 360 天，即现金周期是 360 天，则资金周转次数为 1 次，企业为了获得 115 万元的销售收入，需要营运资金 115 万元 × (1 - 20%)/1 = 92 万元。这说明现金周期越短，资金周转次数越多，为了获得同样的销售收入，企业需要准备的资金就越少。理解了这一点，信贷经理就能更深入地洞察企业资金需求的本质。

2.2　现金周期

上面的例子中提到现金周期越短，企业获得同样销售收入需要的营运资金就越少。接下来，我们从细节入手，一起拆解现金周期的计算公式，以更好地理解企业经营政策的变化如何改变现金周期，进而影响营运资金的规模。

商业运作中，现金周期是一个常用的指标，用来衡量企业资金流动性。它描述了现金从支出到回收的时间跨度，简单来说，就是企业购买原材料、生产产品、销售产品并最终收回款项的整个过程。

仍然以甲企业为例，它在收到原材料后的平均 10 天后付款，一批原材料到货后平均需要 30 天转换为产成品，产品生产完成后直接销售，形成应收账款，假设 160 天内回款。这样，企业的现金被占用了总共 160 天 + 30 天 − 10 天 = 180 天。现金周期长，意味着一笔现金付出后收回的时间间隔就长，进而需要更多的营运资金。反之，现金周期短，意味着一笔现金付出后，很快就能够收回，这样企业需要为生产经营垫付的资金就少。

现金周期的计算中，各个项目的计算需要用到多个财务数据：

现金周期 = 应收账款周转天数 + 存货周转天数 − 应付账款周转天数

必须注意财务数据之间的对应关系。例如：

应收账款周转天数：反映了客户付款的周期。计算过程中，要用赊销形成的收入除以赊销对应的应收账款与应收票据之和 [总收入 × 赊销占比 /(应收账款 + 应收票据)]。如果无法获得赊销占比，采用全部销售收入计算应收账款周转天数，会高估应收账款周转次数，低估应收账款周转天数，从而低估现金周期。

存货周转天数：计算存货周转天数时要使用营业成本，反映存货实现销售的速度。如果用销售收入计算存货周转天数，由于销售收入大于营业成本（销售收入－营业成本＝毛利润），会高估存货周转次数，低估存货周转天数，从而低估现金周期。

应付账款周转天数：计算应付账款周转天数时要使用赊购形成的购买总支出，反映付款给供应商的周期。如果用销售成本计算应付账款周转天数，由于销售成本中除了原材料支出，还包括部分人员工资和制造费用，可能会高估应付账款周转次数，低估应付账款周转天数，从而高估现金周期。

这样的对应关系确保了计算的准确性和逻辑性，帮助信贷经理更真实地理解企业的资金需求。

最后，来看甲企业营运资金需求完整的计算公式：

$$\text{营运资金周转次数} = 360 / \text{现金周期}$$

$$= 360 / \left(\text{存货周转天数} + \text{应收账款周转天数} - \text{应付账款周转天数} \right)$$

$$= 360 / (160\text{天} + 30\text{天} - 10\text{天})$$

$$= 2$$

$$\text{营运资金需求量} = \text{上年度销售收入} \times (1 + \text{预计销售收入年增长率}) \times (1 - \text{上年度销售利润率}) / \text{营运资金周转次数}$$

$$= 100\text{万元} \times (1 + 15\%) \times (1 - 20\%) / 2$$

$$= 46\text{万元}$$

需要提醒的是，计算公式的分子中，对应上年度总支出部分[上年度销售收入 ×(1− 上年度销售利润率)]，由于包含了折旧等非现金支出，可能会导致高估资金需求金额。

在撰写信贷报告时，信贷经理不仅需要理解营运资金需求测算公式，还需要掌握未来企业的经营政策和财务政策变化对财务数据的影响。例如，信用政策调整可能延长应收账款周转天数，从而增加资金需求。以下是对重要环节的简单分析，以体现企业政策变化对资金管理的影响。

现金支付环节：企业在购买原材料、支付工资、税费和其他运营成本时，需要支付现金。这些支付环节的时间点和金额未来会因市场条件、供应链变化或政策调整而变化。

存货周转耗用时间：产品生产、存货管理会影响到资金的占用，未来存货周转会受到生产周期、存货管理策略、供应链效率等因素的影响。

现金回收环节：企业通过销售产品或服务回收现金。未来回收现金的速度取决于市场需求、客户信用状况和收款政策。

造成资金缺口的其他原因：资金缺口未来还可能由收入减少、成本增加或意外事件造成。

通过公式计算，得到为了支持企业运营需要的营运资金总额。在此基础上，扣除现有的资金和其他渠道能够筹措的资金数量，剩余的就是需要向银行贷款的资金额度。具体见下面的公式：

$$\text{营运资金贷款额度} = \text{营运资金} - \text{借款人自有资金} - \text{现有流动资金贷款} - \text{其他渠道提供的营运资金}$$

这个公式描述了企业在现有资金和贷款之外，还需要多少额外的资金来满足其运营需求。

当涉及项目贷款时，资金需求测算变得更加复杂。信贷经理需要评估项目的可行性，详细评价预期收益、投资回收期，以及项目的资金来源和资金缺口解决方案。这些内容都是信贷报告中需要详细披露的。

总之，资金需求测算是一个复杂的过程，它不仅涉及日常运营的资金流转，还包括对特定项目投资的财务影响。通过综合考虑这些因素，可以更全面地理解企业的资金需求，为企业的稳健运营和长期发展提供支持。

CHAPTER 3

第3章

借款人评价

　　借款人评价是信贷报告风险分析的第一步，其核心在于评估借款人的还款意愿和还款能力。本章将围绕自然人和法人两类主体，从还款意愿和还款能力以及股东背景和公司治理四个方面展开。

　　借贷的本质是"借款人借钱去做事"，因此借款人评价是风险分析因素之一。在对借款人评价的实际操作中，信贷经理常困惑于评价的重点是企业主个人还是企业法人。事实上，评价的关键在于区分谁是企业经营的核心角色，这取决于企业的类型。

　　借款人可分为两种极端类型：

　　小型家族企业（如"夫妻老婆店"）：企业信誉与企业主个人信誉高度相关，评价重点在于企业主的个人素质，包括还款意愿和还款能力。

　　股权分散的上市企业：企业决策依赖于成熟的法人治理结构，评价重点在于股东背景和公司治理。

假设"夫妻老婆店"和股权分散的上市企业是两种极端类型，将这两种极端类型的转换视为一个连续的谱系。在这个谱系的一端，即接近"夫妻老婆店"的一端，企业主个人的信誉和能力对企业的经营和还款能力起着决定性的作用，因此对企业主个人的评估就更为重要。而在谱系的另一端，即接近股权分散的上市企业的一端，企业的决策和运营更多地依赖于成熟的法人治理结构，因此对企业法人本身的评估则更为关键。处于中间状态的企业是现实中的大多数，对于这类企业，企业主个人和企业法人的评估均重要。至于哪个更重要，则需要信贷经理根据企业的股权结构、治理模式以及企业主与企业的关系，动态调整评估的侧重点。这种基于谱系的评估方法，有助于信贷经理更准确地判断借款人的评价主体和侧重点。

3.1 自然人评价

自然人评价的核心是评估企业主的还款意愿和还款能力。

3.1.1 还款意愿

还款意愿是借款人评价的核心要素之一，分为主动还款意愿和被动还款意愿。由于主动还款意愿与个人道德水准相关，难以量化，因此信贷报告主要分析被动还款意愿，其本质是"违约成本"。

违约成本是指借款人因违约可能遭受的损失，包括声誉损害、经济损失等。理解违约成本的关键在于认识到，借款人的还款意愿并非主要由其道德水平决定，而是由其违约可能带来的实际损失驱动。

信贷经理常常通过征信记录评估借款人的还款意愿，但征信记录背后的深意在于它反映了借款人的违约成本。良好的征信记录意味着借款人的声誉价值较高，一旦违约，其损失（如信用受损、融资困难）也会更大，因此其还款意愿更强。反之，糟糕的征信记录则表明借款人违约成本较低，还款意愿较弱。通过这种对比，可以清晰理解违约成本的核心作用，从而在评估借款人还款意愿时豁然开朗。

违约成本的高低受多种因素影响，主要包括：

家庭因素：如婚姻状况、子女教育、父母健康状况等。

财产因素：如房产、投资、家庭资产等。

社会因素：如职业声誉、社会地位、信用记录等。

借款人评价示例：企业董事长××，现年44岁，助理工程师。

问题：该描述缺乏与违约成本相关的关键信息，如婚姻状况、子女教育、家庭财产等。仅依靠年龄、身份和职称，无法全面评估借款人的还款意愿。

正确示例：企业董事长××，现年44岁，硕士研究生学历，户口所在地为北京市朝阳区。已婚，妻子现年40岁，本科学历，现任某教育机构行政主管，户口所在地为北京市海淀区，育有一子（现年16岁，就读于北京市某中学，户口所在地为北京市海淀区）。父母健在，父亲现年70岁，高中学历，已退休，母亲现年68岁，初中学历，已退休，二者户口所在地均为河北省石家庄市。××名下拥有两处房产（分别位于北京市朝阳区和上海市浦东新区）。此外，××曾荣获"202×年度北京市优秀企业家"称号，并于202×年被评为"中国创新经济领军人物"。

违约成本实操建议

贷前调查

违约成本信息属于敏感信息范畴,通常难以直接获取。信贷经理需要通过策略性提问,在贷前调查阶段间接收集相关信息。例如:

(1)询问企业主的发展历程,了解其创业过程中家庭构成与成员变化情况。

(2)探讨企业主曾遭遇的困难,引导其分享家庭、财产和社会背景信息。

重点关注以下信息:

(1)婚姻状况:已婚企业主通常比单身企业主违约成本更高。

(2)子女教育:子女在读(尤其是读高中或大学)的企业主违约成本较高。

(3)家庭财产:拥有房产或其他固定资产的企业主违约成本较高。

贷后监控

违约成本并非一成不变,而是会随着借款人的家庭、财产和社会状况变化。因此,贷后监控中需重点关注以下方面:

(1)婚姻状况是否发生变化(如离婚)。

(2)子女教育是否出现中断或变化。

(3)家庭财产是否发生重大变动(如房产出售)。

一旦发现借款人的违约成本显著下降,信贷机构应及时采取应对措施,如加强风险监控、增加担保、调整还款计划或提供财务咨询,以降低风险敞口。

不良贷款管理中的应用

违约成本不仅在贷前评估中发挥重要作用,在不良贷款管理中也能提供有力支持。通过分析借款人的违约成本,可以制定更有效的清收策略。例如:

(1) 了解借款人关心的人和事(如子女教育、家庭财产),制订针对性的还款计划。

(2) 分析借款人害怕的后果(如声誉损害、法律诉讼),提高清收成功率。

综上所述,违约成本是评估借款人还款意愿的关键因素,贯穿于信贷风险管理的全流程。通过策略性提问和持续监控,信贷经理能够更全面地掌握借款人的违约成本变化。在信贷报告中,明确描述借款人的违约成本因素,对于准确评估和管理信贷风险至关重要。

3.1.2 还款能力

针对自然人,还款能力分析的核心是评估企业主是否具备合格的经营能力,即能否通过有效管理企业,确保贷款到期还本付息。传统上,这种分析往往侧重于企业主的行业经验和过往业绩表现,但随着外部环境的快速变化,经营能力也需要与时俱进。因此,评估企业主还款能力时,不仅要考虑其过往的经营历史,还需重点关注企业主的经营能力是否与企业的发展相匹配。这种匹配度,结合过往行业经验,才是决定企业主还款能力的关键。

以两家企业为例:A 企业专注于沥青生产,而 B 企业涉足房地产。沥青行业竞争激烈,门槛较低,A 企业不仅需要企业主有较强的市场洞察力，还需具备技术改良和成本控制能力以维持现金流稳定。相比之下，房地产行业的高门槛要求 B 企业的企业主具备获取优质土地资源的能力。显然，即使两家企业的企业主的能力同样出色，但由于行业差异，互换企业主后，两家企业的还款能力也会受到显著影响。这一例子展示了行业特性对企业主的能力需求的差异性，印证了行业经验的重要性。

进一步来看，即使在同一行业内，不同发展阶段的企业对企业主的能力需求也不尽相同。例如，处于垄断行业的企业可能更注重规模化生产管理，而处于竞争激烈的市场的企业则需要快速的市场开发和成本控制能力。因此，评估企业主还款能力时，除了考虑其过往经验，还需分析其能力是否与企业当前所处行业的特点和企业发展阶段相匹配。这种动态的评估方式，能够更准确地反映企业主在当前或未来环境下的还款能力。

如果企业主的能力与企业需求不匹配，则需要进一步探讨其计划采取的弥补措施及其有效性。例如，企业主可能通过聘请职业经理人来弥补自身能力的不足。此时，评估的焦点应转移到职业经理人的能力是否与行业趋势和企业发展阶段相匹配。此外，还需评估企业是否制定了有效的激励措施，以确保职业经理人的长期承诺和贡献。

综上所述，企业主还款能力的评估不应仅仅基于其过往经历，还应结合行业趋势、企业发展阶段进行综合考量。在实际操作中，信贷经理需要借助科学的量化指标以及全面的风险提示，来更准确地评估企业主的还款能力。关于这些方法的具体应用和操作细节，将在后续章节中详细展开。

3.2 法人评价

随着企业规模的扩大，企业往往需要吸引更多的投资者，同时企业的决策环境也会变得更加复杂。为了确保在复杂环境下高效决策，公司治理的重要性日益凸显。因此，针对法人评价，将从股东背景和公司治理两个方面展开。

3.2.1 股东背景

银行发放贷款时常常偏好于选择有国有背景的企业。这种偏好源于一个简单的逻辑：强大的股东意味着更强的还款保障。强大的股东不仅能够在财务上提供支持，还可能在业务上为借款人带来更多销售机会，从而降低贷款风险。股东背景是企业最重要的表外资源之一。信贷经理在评估股东背景时，需要明确以下问题：

- 股东的资源是什么？
- 这些股东资源的规模如何？
- 这些股东资源能为企业带来哪些实质性的帮助？

在评估股东背景时，需区分战略型股东和财务型股东。战略型股东通常持股比例较高，业务上与借款企业有协同性，能够提供实质性支持（如资金、渠道、技术等）。即使战略型股东自身实力一般，但他对借款企业的重视程度高，也能够成为企业重要的表外资源。财务型股东可能实力雄厚，但在借款企业中持股比例较低，且主观上不认为借款企业是其战略发展的重要一环。这类股东除出资外，进一步的资金或业务支持并不可靠。

股东结构可能随时间变化，这些变化对借款人的信用状况有直接影响。针对股东结构变化，信贷经理在准备信贷报告时，尽可能关注并收集现有股东退出和新股东加入的原因。通过了解新股东的投资动机，结合企业现状和市场环境，评估新股东陈述的合理性和一致性。尽量与退出的股东交流，获取企业内部运营的深层次信息。

在实践中，建议通过企业年报、工商信息、新闻动态等多种渠道全面收集股东背景信息，并建立动态监测机制，及时跟踪和更新股东背景的变化情况。

总之，对股东背景的深入分析不仅要关注股东的实力和支持意愿，还要动态跟踪股东结构的变化及其背后的原因。这种细致的分析有助于银行更准确地评估贷款风险，从而做出更明智的信贷决策。

3.2.2 公司治理

公司治理是指企业内部的管理、监督与激励机制。良好的公司治理能够协调各利益相关者，确保企业高效决策，降低运营风险，从而间接降低违约风险。对于债权融资而言，虽然债权人并不直接参与企业管理，但良好的公司治理同样能够有效保障债权人的利益。

组织结构是公司治理的骨架。随着企业的发展，组织结构应从简单的"夫妻老婆店"模式逐步演变为包含董事会、监事会和专业管理团队的复杂结构。

初创阶段：企业所有者可能是唯一的决策者，对业务的各个方面都有深入了解。

成长阶段：随着员工数量增加和业务复杂化，企业开始引入专业人士（如财务、人力资源、销售等领域的专家）并设立职能部门。

成熟阶段：引入外部投资者，设立股东大会、董事会和监事会，形成"三会一层"的治理结构，确保决策的透明性和科学性。

随着企业组织结构的完善，决策的专业性和科学性显著提升，此时监督与激励机制成为公司治理的核心环节。在"三会一层"的框架下，董事会通过审查管理层报告和财务状况实施监督，而监事会则专注于确保董事会和管理层决策的合规性与透明度。与此同时，激励机制（如股权激励和绩效奖金）被引入，以激励管理层和员工为企业的长期发展做出贡献。例如，股权激励计划让员工分享企业成长成果，提升其工作积极性和忠诚度，董事会负责制订和审查这些激励计划，确保它们与企业战略目标一致。这种监督与激励的双重机制，不仅提高了决策的科学性，也有效降低了企业的运营风险。

在撰写信贷报告时，信贷经理应将债权人利益的保护纳入公司治理的分析中，重点关注以下内容：

- **组织结构设计**：是否能够确保信息流通顺畅，决策科学透明，从而保护债权人利益。
- **监督机制有效性**：董事会和监事会是否能够有效监督管理层，确保其决策符合债权人利益。
- **激励机制合理性**：激励机制是否能够鼓励管理层和员工为企业的长期稳定发展做出贡献，从而间接保障债权人利益。

综合而言，法人评价作为信贷报告的核心环节，主要从股东背景和公司治理两个维度展开。股东背景分析着重评估股东实力、支持意愿及其动态变化，而公司治理分析则聚焦组织结构设计、监督机制的有效性以及激励机制的合理性。通过对这两方面的深入剖析，信贷经理能够全面评估借款人的信用状况，识别潜在风险，从而为信贷决策提供科学依据，确保贷款安全性与收益性的平衡。

CHAPTER 4
第 4 章

偿债能力评价的困境与假设

4.1 偿债能力评价的困境

4.1.1 洞察信贷评估关键缺失

评价完借款人后,接下来需要考察借款人借钱去做的事情,因为它与偿债资金来源直接相关。在当前的信贷实践中,信贷经理主要通过分析借款企业过去三年的财务报表,结合其运营模式和行业特点,评估其偿债能力。例如,假设一家企业当前的资产规模为 30 亿元,计划借款 5 亿元用于扩大生产规模,借款后其总资产将增加到 35 亿元。理论上,银行应该基于 35 亿元资产规模下的财务预测数据(如资产、产能、产量、销量、收入、成本等)来评估企业的偿债能力。然而,由于银行无法直接获得这些数据,只能退而求其次,基于企业过去三年的财务报表（即最近一期报表的资产规模为 30 亿元）进行分析。例如，银行会分析企业在 30 亿元资产规模下的收入、成本、利润等指标，然后结合对市场、行业和宏观经济的定性分析，评价其对当下债务的偿还能力。如果评估结果合理，则直接推导出融资 5 亿元、资产规模达到 35 亿元时，偿债能力与 30 亿元资产规模类似，具有同等级的保障程度。

然而，这种推导过程存在一个根本性问题。现实中，借款企业通过融资扩大规模后，经营情况可能会变得更复杂。例如，市场竞争可能更加激烈，成本可能上升，利润可能下降，甚至可能出现新业务失败的情况，从而导致资产缩水、经营状况恶化。因此，不能简单地依据企业在 30 亿元资产规模下的偿债表现可接受，就直接认定企业资产规模膨胀到 35 亿元时偿债能力仍然稳定的结论。

正如前文所述，理论上最理想的做法是，获得企业借款后的详细财务预测数据，包括资产、产能、产量、销量、收入、成本等关键数据。银行根据这些数据评估其偿债能力。这种做法能够更准确地反映企业未来的经营状况，降低贷款违约的风险。

然而，银行在实际操作中难以采用这种理想化的做法，主要原因有以下几点：

信息不对称：企业对自身的经营状况和未来计划有更深入的了解，而银行难以全面掌握这些信息。

预测难度大：即使企业提供了财务预测数据，其准确性也难以保证，尤其是在外部环境复杂多变的情况下。

成本与效率：获取和验证详细的财务预测数据需要大量的时间和资源，可能影响贷款审批的效率。

4.1.2 八维假设锚定未来偿债

由于上述限制，银行只能基于借款企业的历史数据和一系列假设，在分析当下的基础上推导未来的偿债能力。为了确保这种推导结果的可靠性，信贷报告对借款事项的剖析必须围绕八个关键假设展开（见表 4-1）。

表 4-1 八维假设定未来

假设名称	对应解释
产能增长的假设	假设信贷资金真实用于生产性投资，并有效转化为实际产能提升
产量增长的假设	假设关键成本数据真实可靠，新增产能得到充分利用，推动产量增长
销量增长的假设	假设市场需求呈现积极态势，为销量增长提供有力支撑
收入增长的假设	假设客户议价能力和市场竞争强度处于合理区间，产品价格保持稳定，销售收入能够随着销量的增长而增长
成本稳定的假设	假设供应商不具备绝对议价优势，原材料成本波动可控
环境有利的假设	假设基于 PEST（政治、经济、社会和技术）模型分析，各因素对市场和产业发展形成正面影响
财务真实的假设	假设企业财务报表真实可信，不存在虚假或误导性信息
财务可靠的假设	假设历史财务业绩稳定可靠，企业具备持续创造稳定财务成果的能力

前六个假设是对借款人融资用途（即所投资事项）评价的基础，后两个假设则评价了企业将未来转化为现实的能力。只有八个假设全部成立，才能依据过去三年的财务报表确认企业财务状况稳健，进一步推导出融资后（资产规模膨胀后）偿债能力仍满足要求的结论。接下来，将深入讨论这些假设的逻辑与应用，确保假设的科学性和可靠性。

4.2 偿债能力评价的八个重要假设

4.2.1 产能增长的假设

产能的增长，是偿债能力得以保障的起点。企业通过借款扩大生产规模，其核心目标是将资金转化为实际产能，从而为未来的收入和利润增长奠定基础。然而，这一过程并非自动实现，而是依赖于资金的定向使用和项目的有效执行。如果贷款资金被挪用于非原定项目，新增产能可能无法实现，企业的偿债能力将大打折扣。例如，一家资产规模为 30 亿元的企业，计划借款 5 亿元用于扩建生产线，借款后其总资产规模将达到 35 亿元。然而，如果贷款资金被挪用于其他用途，生产线无法按计划建成，企业的产能将无法实现预期增长。在这种情况下，企业的收入和利润也无法提升到相匹配的水平。因此，借款后形成的偿债能力自然无法保障，企业的还款能力将面临重大风险。

在日常工作中，信贷经理经常使用项目评估、受托支付和定期检查等手段来控制风险。这些手段的存在，正是为了确保贷款资金能够转化为实际产能，从而保障偿债能力。通过项目评估，信贷经理可以判断项目的可行性和盈利能力，确保企业的新增产能能够带来足够的收入和利润。通过受托支付，信贷经理可以确保资金用于原定项目，避免资金被挪用。通过定期检查，信贷经理可以监督项目的实施情况，及时发现和解决潜在问题。

如果资金被挪用于其他未经评估的项目，即使借款人在原有业务上表现出色，也无法保证其在新项目上成功，从而增加了贷款违约的风险。因此，银行必须通过受托支付等手段，确保资金专款专用，避免资金使用风险。

综上所述，产能增长的假设是偿债能力评估的起始环节。只有确保贷款资金能够转化为实际产能，企业才能通过新增产能实现收入和利润的增长，从而保障偿债能力。如果这一假设不成立，后续的产量、销量等假设也将失去意义，银行的贷款决策将面临重大风险。因此，信贷经理必须高度重视产能增长的假设，并通过有效的风险控制手段，确保其成立。

4.2.2 产量增长的假设

产能增长只有带来产量的提升，产能投资才具有意义。通过银行的受托支付等手段，企业将资金投入转化为实物资产（如机器设备），从而形成产能。然而，仅有产能并不足够，闲置产能无法创造价值。只有将产能有效转化为实际产量，才能为企业的收入和利润增长提供支撑，进而保障偿债能力。

在撰写信贷报告时，由于产能尚未形成，无法直接验证其产出潜力，因此，信贷经理需要对关键成本数据进行识别和收集，为未来验证产量增长提供依据。未来产量是否增长，需在投产后根据实际的关键成本数据来判断，而贷前阶段的准备工作为这一过程奠定了基础。

关键成本是指与产量直接相关的成本，通常是企业运营中不可或缺的支出。它具有以下特征：

不可或缺：关键成本是企业运营中必不可少的成本，可有可无的成本与关键成本无关。

第三方提供或分散性高：关键成本的数据通常由第三方提供，或者具有分散性，造假难度较高，因此可信度更高。

与产量关联稳定：关键成本与产量之间的关联稳定，不会因为小的技术或市场变动而发生显著变化。

关键成本的实操环节

尽职调查阶段

识别关键成本：在尽职调查阶段，信贷经理需要识别与产量直接相关的关键成本。例如，在制造业中，水电费和人工成本是关键成本。在贸易行业中，仓储和运输费用可能是关键成本。

收集关键成本数据：通过访谈企业管理人员、查阅财务报表和第三方数据（如水电费账单、工资单等），收集关键成本数据。

报告撰写阶段

描述关键成本：在信贷报告中，信贷经理需要详细描述关键成本数据及其与产量的关系。假设信贷经理通过网上搜索获得行业数据如下：生产 1 吨粗钢需要 400～600 度电，如果企业提供的数据显示，一年生产直接消耗的电量为 3 亿度，则其产量应在 37.5 万～60 万吨。需要注意的是，该数据为行业平均水平，具体企业的能耗可能因生产工艺和技术水平不同而有所差异。因此，在使用这些数据时，应结合企业的电费账单和工资单等的实际数据进行交叉验证，确保数据的真实性和可靠性。

核查数据：将关键成本数据与企业资产负债表中的存货数量、利润表中的销售成本进行交叉检验，分别核查经营状况和财务数据。

贷后管理阶段

跟踪关键成本：在贷后管理阶段，信贷经理需要持续跟踪企业的关键成本数据，判断实际产量是否达到预期。例如，通过定期检查企业的水电费和人工成本，验证其产量是否与申报数据一致。

风险预警：如果关键成本数据与预期存在较大偏差，信贷经理需要及时发出风险预警，并采取相应的风险管理措施。

假设一家钢铁企业计划借款用于扩建生产线，银行在尽职调查阶段识别并收集了其水电费和人工成本数据。在信贷报告中，银行详细描述了这些关键成本，并通过交叉检验分别核查了企业的经营状况和财务数据。在贷后管理阶段，银行持续跟踪企业的水电费和人工成本，判断其实际产量是否达到预期。

需要注意的是，不同行业的关键成本可能不同。例如：

制造业：水电费、人工成本等。

贸易行业：仓储、运输费用等。

餐饮行业：一次性餐具费用等。

综上所述，产量增长的假设是偿债能力评估的重要环节。只有确保产能能够转化为实际产量，企业才能通过销售获得收入和利润，从而保障偿债能力。如果这一假设不成立，后续的其他假设也将失去意义，银行的贷款决策将面临重大风险。因此，信贷经理必须对产量增长的假设予以重点关注，并通过关键成本的核查，确保其成立。

4.2.3 销量增长的假设

在市场经济条件下，企业产量的增长能否转化为有效的偿债来源，关键在于产品能否顺利销售出去。对于一笔贷款而言，偿债能力最大的挑战并非产能的形成或产量的提升，而是产品能否在市场上实现销售。存货积压往往是企业偿债能力下降的重要信号。因此，银行在评估用于扩大生产规模的贷款申请时，必须将市场成长作为核心前提。企业的产品只有在市场上得到有效销售，才能转化为实际收入，从而保障债务的偿还。

在信贷报告的模板中，经营分析模块通常从市场分析入手，重点评估企业的销售潜力和市场增长的可能性。这是因为，市场环境的稳定性或成长性直接影响企业的偿债能力。银行在评估贷款申请时，通常要求企业处于一个市场条件良好的环境中，这意味着企业处于成长期，其产品或服务的需求正在上升。在这一阶段，企业通过扩大生产规模来满足市场需求，从而实现销售和利润的增长。

为了确保贷款的使用能够带来预期的经济效益，银行会特别关注企业的成长潜力和市场扩张策略。通过分析这些因素，银行可以判断企业是否具备持续增长的能力，从而降低信贷风险并支持其贷款决策。

即使企业不处于成长期，也必须证明其产品或服务在市场中有足够的空间实现销量增长。这可能涉及以下策略：

市场细分：通过精准定位目标客户群体，挖掘未被充分满足的市场需求。

新产品开发：推出创新产品或服务，以差异化优势吸引更多客户。

市场渗透：通过优化营销策略或提升产品竞争力，扩大现有市场份额。

企业需要提供具体的证据，例如市场调研数据、销售增长趋势或客户反馈，以证明即使在成熟或饱和的市场中，企业仍能通过创新或差异化策略实现销量增长。

总之，银行在放贷时，必须确保企业能够在不断变化的市场环境中实现稳定的销售增长。这种分析不仅对金融机构的风险管理至关重要，也为企业提供了清晰的发展方向。通过深入评估企业的销售潜力和市场策略，银行可以更准确地判断贷款的风险水平，并制定相应的风险管理策略。

4.2.4 收入增长的假设

收入是偿还债务的核心来源之一。一笔贷款能够获得批准，其合理性建立在一系列的关键假设之上：企业能够合理运用信贷资金扩大生产规模，生产更多产品并通过销售实现收入增长。根据收入公式（收入 = 价格 × 销量），收入增长的实现不仅依赖于销量的提升（如销量增长的假设中所描述的），还需要价格稳定性的支撑。

销售价格的稳定性同样影响了企业的收入水平。价格的波动不仅反映了市场竞争强度，还体现了企业的议价能力和价格可持续性。在信贷报告中，需要重点分析以下方面：

定价能力：评估企业在市场中的议价能力和品牌影响力。

市场竞争环境：分析行业竞争强度及其对价格波动的潜在影响。

价格策略的可持续性：分析市场上替代品的种类、性能、价格及替代品对目标客户的吸引力，评估替代品对原产品的替代威胁。

虽然收入的可持续增长依赖于价格的稳定性，但在某些情况下，企业可能通过降价策略来刺激销量增长，从而实现总收入增长。然而，这种策略的成功取决于销量提升是否足以抵消价格下降的影响。

- 如果销量增长幅度显著高于价格下降幅度，总收入仍可能实现增长。
- 如果价格下降幅度过大，而销量增长有限，则可能导致总收入下降。

综上所述，销量的增长是推动销售收入增长的重要因素，但这一增长必须建立在销售价格稳定或者销售价格策略有效的基础上。

4.2.5　成本稳定的假设

可持续经营状态下，息税前利润（EBIT）是企业偿还债务的最主要来源。虽然销售收入代表了流入企业的最大现金流，但可持续状态下只有在扣除必要的成本后，剩余部分才能作为偿还债务的来源。因此，银行与借款企业的长期合作，必须建立在息税前利润稳定的基础之上。

在众多影响利润的因素中，除了收入，成本的稳定性是关键。对于制造业而言，采购成本的波动直接影响利润的稳定性，是销售收入增长能否转化为实际利润增长的决定性因素。此外，运营成本（包括人工成本、能源成本、管理和销售费用等）的稳定性对利润的可持续性也非常重要。规模效应的实现（即单位成本随生产规模扩大而下降），则依赖于成本结构的稳定。只有在假设成本保持稳定的前提下，销售收入的增长才能确保息税前利润大致同步增长。

综合来看，销量的提升、销售价格的稳定以及成本的有效控制，共同作用于企业的息税前利润，因此它是衡量企业偿债能力的重要指标。只有当企业息税前利润的增长能够覆盖其债务增长时，企业偿债能力才能与基期相比保持近似水平。

4.2.6　环境有利的假设

为了确保收入增长的假设和成本稳定的假设长期成立，必须假设外部环境也是有利的。这是因为，在进行销量、销售价格和采购价格的预测时，行业市场环境与产业上下游环境发挥着至关重要的作用。行业分析的核心在于预测销量，而产业分析则专注于销售价格与采购价格的趋势预测。然而，行业与产业分析模型中的影响因素，只能反映相关变量的短期影响。短期预测可接受，但长期预测需要深入洞察宏观环境的影响。

宏观分析涉及政治、经济、社会和技术因素的全面考量，这些因素共同塑造了行业需求和产业趋势的长期变动轨迹。通过宏观分析，决策者能够更好地预测未来，为行业和产业分析提供坚实的基础。

PEST模型是宏观分析中广泛使用的工具，它包括以下四个维度：

政治（Political）：分析政治环境、政府政策及法规的影响。

经济（Economic）：评估经济增长、通货膨胀、利率、汇率和产业政策等经济因素的影响。

社会（Social）：考察人口结构、消费习惯和文化趋势的影响。

技术（Technological）：研究技术创新和行业技术变革的影响。

通过PEST模型，信贷经理能够全面评估外部环境对企业销售收入和成本稳定性的长期影响，从而更准确地预测企业的偿债能力。

4.2.7 财务真实的假设

在评估企业偿债能力时，依次假设信贷资金能够转化为经营资产，增加的产能能够转化为实际产出，市场需求允许产量转化为销量，这三个环节的有效衔接是企业经营的基础。进一步地，如果产品销售收入增长、原材料采购成本稳定以及外部环境有利的假设成立，信贷经理对企业的经营前景可以持谨慎乐观的态度。

上述六个假设（产能增长的假设、产量增长的假设、销量增长的假设、收入增长的假设、成本稳定的假设、环境有利的假设）是指向未来的，而企业未来将这些假设转化为现实，需要有令人信服的经营能力。银行通常会要求企业提供财务报表，作为其能力说明书，以证明其经营能力真实且令人满意。

财务真实的假设是基础中的基础。如果财务业绩是虚假的，那么所有基于当下财务业绩分析得出的、与经营能力相关的结论都将失去意义。财务真实的假设是评价企业经营能力的前提，只有确保财务数据的真实，才能为后续财务可靠性的评估提供依据。

4.2.8 财务可靠的假设

财务可靠的假设关注企业经营业绩及其背后经营能力的可持续性。当下财务业绩表现良好，说明企业当前具备执行战略并取得财务成果的能力，但这种经营业绩及其背后的经营能力必须是可持续的。假如经营业绩不可持续，意味着未来企业借入更多资金后，原本最有把握的偿债来源会突然缺失，导致偿债能力大幅下降。

在完成上述八个假设的验证后，如果假设全部成立，则意味着企业的偿债能力是稳定的。接下来，依据信贷报告的撰写结构，信贷经理将针对企业的经营状况和财务状况进行深入分析，以验证八个假设是否成立，这包括对企业的收入、成本、利润、现金流以及资产负债状况的全面评估，确保对企业的偿债能力有一个全面而准确的理解。

CHAPTER 5
第 5 章

经营分析

5.1 运营模式分析

首先是分析企业的运营模式,简单来说就是"企业是怎么赚钱的",这是还款来源分析的起点。运营模式分析帮助银行判断"事靠不靠谱",即企业的经营是否具备可靠性和可持续性。通过深入了解企业的运营模式,还可以为后续的市场分析、产业分析、外部宏观环境分析和财务分析奠定基础。

运营模式分析的核心在于验证以下基本假设:

产能增长的假设:增长的产能需要资金的合理使用来实现。资金使用的合理性取决于对运营模式的清晰判断。企业的运营模式包括企业如何创造、传递价值以及盈利,是评估其还款能力的重要方面。如果连这个判断都没有,银行如何能够确定企业的借款用途及其还款的可能性？

产量增长的假设：企业的产量数据必须是真实的，产量是由成本驱动的。通过了解企业的运营模式，信贷经理可以深入把握其成本结构，识别并标注关键成本项。通过跟踪关键成本，信贷经理可以推断企业的产量增长是否真实。如果企业没有足够的产量，银行也就无法判断其是否有足够的销量，这直接关系到企业未来的偿债能力。

财务真实可靠的假设：企业的财务数据必须真实可靠。财务数据是企业运营的结果，没有对运营模式的理解，就无法验证财务数据的真实性，更无法评估财务数据的可靠性。因此，在分析具体的财务数据之前，信贷经理需要对企业的运营模式有结构化的了解，这是验证财务是否真实可靠的前提。

运营模式分析的目标，是为债权人提供一个企业产品和企业运营的全面视角。为了深入理解企业的运营模式，本书采用价值链分析工具。价值链是由哈佛大学迈克尔·波特教授提出的，从产品价值形成的视角，揭示了产品价值是如何逐步构建的。它将企业的活动分为两大类：主要活动和辅助活动。

主要活动包括：

内部后勤：物资是如何从外部流入企业的。

生产经营：产品是怎样被生产出来的。

外部后勤：产品是如何从企业流入市场的。

市场销售：产品是如何被销售给客户的。

服务：售后服务是如何满足客户需求的。

辅助活动包括：

技术研发：如何通过技术创新推动产品改进。

采购管理：如何优化供应链以确保高效获取物资。

人力资源管理：如何提升员工技能和效率以支持企业目标。

基础设施：如何通过维护和升级基础设施来支持企业运营。

通过细致地分析产品的价值链，就可以构建一个清晰的框架，这有助于理解资金在产品生产和销售过程中的流向以及价值的创造与传递。对于信贷经理来说，这种分析不仅能使他们对资金用途有直观理解，还帮助他们结构化地掌握企业生产经营的关键环节。把握关键环节使得信贷经理在阅读财务报表时能够将报表中的数据与企业的实际运营环节相联系，从而更准确地评估企业的盈利能力和偿债能力。

下面通过一个虚拟的案例来进行价值链模型的拆解，看案例企业是如何实现上述目的的。

一家名为绿意科技的企业，专注于生产家用太阳能热水器，希望通过这一产品帮助每个家庭减少对传统能源的依赖。

主要活动

内部后勤：

绿意科技的内部物流活动开始于原材料的采购和运输。企业每月需要采购价值50万元的太阳能板、保温材料和金属框架，运输这些原材料到工厂的成本大约是原材料成本的10%，即5万元。

生产经营：

在生产过程中，绿意科技的工人们将原材料组装成太阳能热水器。每台热水器的生产需要1小时，每天可以生产50台，每月可以生产1000台。

关键成本：关键成本是一定会有的成本，通常成本数据由不相关的第三方提供，而且关键成本和产出之间具有稳定的转换关系。在这个案例中，需要特别关注水电费用。

（1）水费。总的水费是5000元，总共有1000台热水器的产出，那么每台热水器对水的消耗为5元。按照5元/吨的水费计算，每台热水器消耗的水量为1吨。

（2）电费。总的电费是10万元，总共有1000台热水器的产出，每台热水器对电的消耗为100元。按照1元/度的电费计算，每台热水器消耗的电量为100度。

外部后勤：

生产完成的热水器需要被运送到客户手中。企业通过高效的物流网络进行配送，每台热水器的物流成本是50元，每月物流成本总计5万元。这包括了集中、存储和将产品发送给买方的各种活动的成本。

市场销售：

为了将这些热水器销售出去，企业每月投入10万元用于市场营销，包括在线广告和社交媒体推广。企业通过各种渠道销售产品，包括在线商店和当地的零售商。

服务：

绿意科技非常重视客户服务，它提供专业的安装服务和一年保修。每月，企业会收到大约200次服务请求，每次服务的成本大约是100元，因此每月的服务费用是2万元。

辅助活动

在这些主要活动的背后是一系列辅助活动，它们为整个价值链提供支持。

技术研发：

为了保持产品的竞争力，企业每年投入销售额的 5% 用于研发。这意味着，如果企业每月销售额达到 100 万元，那么每月的研发投入就是 5 万元。

采购管理：

采购部门负责以最优惠的价格获取原材料，同时确保供应链的稳定性。采购部门与供应商建立了良好的关系，以确保原材料的质量和及时供应。

人力资源管理：

企业认识到员工是其最宝贵的资产，因此投入了大量资源来招聘、培训和保留最优秀的人才。企业雇用了 50 名员工，每位员工平均每月工资为 4000 元，因此每月的人力成本是 20 万元。

基础设施：

企业的基础设施包括管理和行政支持系统，它们为企业的各项活动提供战略性指导和服务。这包括了企业的整体管理，如规划、财务、法律、质量管理和信息系统。

这个价值链的拆解分析展示了绿意科技如何通过其价值链的每个环节，将原材料转化为最终产品，并最终实现销售和利润。案例不仅定性描述了绿意科技的企业运营模式，还定量分析了其资金的流动和成本结构。这有助于信贷经理明白，如果贷款给这家企业，资金将如何被用于支持其运营和发展，同时也帮助信贷经理理解，财务报表中的数字是如何反映企业的实际经营活动的。

资金用途：每月，企业需支付 50 万元的采购成本，20 万元的人力成本，10 万元的市场营销费用，5 万元的研发费用，2 万元的服务费用，5 万元的外部物流费用以及 5 万元的内部物流费用。加上制造费用中的水费 5000 元和电费 10 万元，每月的总支出为 107.5 万元。这些支出涉及的运营环节，也是扩大经营规模时贷款用途的指向。理解这些成本项目，有助于直观把握资金用途的合理性。

相关的数据也会反映在财务报表中，例如：

原材料的采购成本，每月对存货的影响大约是 50 万元。

市场营销支出，每月对销售费用的影响是 10 万元。

水费和电费的支出，每月对制造费用的影响分别为 5000 元和 10 万元。

5.2　市场分析

通过运营模式分析，信贷经理对企业的内部运营有了清晰的了解。接下来，需要从企业内部走向外部，进行市场分析。市场分析是外部分析的起点，用以验证最有挑战的假设——销量增长的假设。

销量增长的假设：销量增长的假设是指企业扩大产能增加的产量，能够得到市场的认可并转换为销量。信贷资金的回收成功与否，高度依赖于市场需求的实际情况。销量的增长需要有充足的市场需求作为支撑，而市场需求的变化与行业生命周期阶段密切相关。因此，对企业所在行业的生命周期阶段进行深入分析显得尤为重要。

行业的发展轨迹可以类比于生命的成长过程，从诞生、成长到成熟，最终走向衰退。这种周期性变化对企业信用风险有重要影响。例如，20 世纪初美国市场上随着汽车的兴起，马车的需求受到冲击。随着相关行业需求的下降，马鞭行业到了衰退期。尽管有些卖马鞭的企业财务表现良好，但行业的整体衰落最终导致这些企业倒闭。历史上，许多银行和债权人未能预见行业需求的变化，向当时财务状况看似良好的"马鞭企业"提供贷款，最终因行业衰退而面临债券违约和贷款回收困难。

行业生命周期理论对于各类投资者来说，都是一个重要的分析工具。行业生命周期理论将行业的发展分为四个阶段：导入期（起步期）、成长期、成熟期和衰退期。每个阶段都有特定的市场特征、竞争环境和需求特点，从而帮助投资者评估不同阶段的投资风险和回报。以下是每个阶段的特征，以及投资者风险概述。

导入期（起步期）

特征识别：市场对新产品或服务的认知度不高，客户主要是早期采纳者，对创新有很高接受度。技术变动较大，产品创新活跃，市场竞争以技术创新和市场开拓为主。市场营销重点在于市场教育，需要大量的市场倡导和广告宣传。

客户需求：早期采纳者的需求推动了行业的初步发展，但市场规模较小。

股权投资人：通常愿意承担高风险，追求高回报，因为行业增长潜力巨大。

债权投资人：通常持谨慎态度，因为行业前景不明朗，风险较高，且现金流不稳定。

成长期

特征识别：市场迅速扩大，客户类型多样化，包括早期多数用户和部分较晚才接受的用户。需求快速增长导致竞争者迅速涌入，企业开始建立品牌并注重品牌建设。研发支出开始减少，更多的资源被用于产品改进和市场适应，产品逐渐标准化。

客户需求：特定用户（早期多数用户和部分较晚才接受的用户）的需求推动了行业的快速增长，企业需要通过提高产品质量和增加产品种类来满足不同客户的需求。

股权投资人：继续看好行业增长潜力，但开始关注市场竞争和企业的盈利能力。

债权投资人：开始考虑投资，因为行业风险有所降低，企业有了更稳定的现金流和增长潜力。

成熟期

特征识别：产品被主流群体所接受，市场需求趋于饱和，行业增长放缓。客户对价格、品质和服务有更高的要求，企业间的竞争主要是价格、服务和产品质量的竞争。营销策略的重点在于客户关系管理和维护。

客户需求：主流客户的需求趋于稳定，企业需要通过产品改进和降低成本来维持竞争优势。

股权投资人：偏好稳定的股息和回报，关注企业的市场份额和盈利能力。

债权投资人：偏好现金流稳定、盈利记录良好的企业，虽然此阶段行业风险相对较低，但对扩张产能的贷款持谨慎态度。

衰退期

特征识别：市场需求萎缩，仅小众群体保持对产品的忠诚度，更多客户减少购买或转向购买替代品。企业需要通过创新或转型来寻找新的成长机会。竞争者数量开始减少，剩余企业可能通过兼并和收购来维持市场地位。

客户需求：剩余客户（如专业用户或收藏家）的需求更加细化和专业化，他们可能对产品的独特性、收藏价值或特定功能有较高要求，但整体市场需求显著下降。

股权投资人：可能寻求退出机会，关注企业的转型潜力。

债权投资人：因行业风险增加，偏好能够快速适应市场变化、具有转型潜力的企业，但对向衰退期企业贷款持高度谨慎态度。

案例：胶片相机行业的生命周期分析

胶片相机行业从19世纪末开始兴起，20世纪中叶至末期达到顶峰，21世纪初随着数码相机的兴起而迅速衰退，是一个经历了完整生命周期的行业。

导入期

特征识别：在19世纪末，胶片相机作为一项革命性发明被引入市场。特征是消费者对该产品不熟悉，技术在不断改进中，市场主要由专业摄影师和摄影爱好者构成。产品的质量可能不是很高，但由于能提供新奇的体验，吸引了一批前沿消费者。

客户需求与数量估计：目标群体为专业摄影师，他们对摄影艺术有较高的追求。市场需求较小，但随着技术进步和产品普及，市场逐渐扩大。

债权人偏好的企业类型：在这个阶段，债权人通常对投资持谨慎态度，因为行业前景不明朗，风险较高。他们可能更倾向于支持那些有稳定背景或已经显示出市场潜力的企业。

成长期

特征识别：20世纪中叶，随着技术成熟和生产成本降低，胶片相机行业进入成长期。市场增长率高，需求快速增长，竞争者开始增多，产品种类开始多样化。

客户需求与数量估计：目标群体扩展到普通家庭和业余摄影爱好者，他们对相机的便携性和易用性有较高要求。技术的稳定和生产规模的扩大，带来了更好的使用体验和成本下降，加之社会风气和使用习惯的形成，人们开始广泛接受胶片相机，胶片相机的需求量迅速增加。

债权人偏好的企业类型：债权人开始偏好那些已经占有一定市场份额、销售增长稳定的企业，如柯达和富士，这些企业展现出良好的市场竞争力和盈利前景。在成长期，长短期贷款均为债权人喜好的贷款类型。在成长期后期，市场需求趋于饱和，扩张产能的项目贷款会使得债权人面临一定的风险。

成熟期

特征识别：到了20世纪末，胶片相机行业进入成熟期。市场增速放缓，需求趋于稳定，产品标准化程度高，竞争主要基于品牌和成本控制。

客户需求与数量估计：目标群体为所有对摄影有需求的人士，他们对相机的性能和价格有明确的偏好。市场需求趋于饱和。

债权人偏好的企业类型：在成熟期，债权人偏好那些具有稳定现金流、良好盈利记录和强大品牌影响力的企业，这些企业通常具有较低的财务风险和较强的偿债能力。然而，对于以扩张产能为导向的贷款，债权人会更加谨慎，因为市场需求已经饱和，扩张带来的收益可能会受到限制。

衰退期

特征识别：21世纪初，随着数码相机和智能手机的兴起，胶片相机行业进入衰退期。市场增速严重下降，需求急剧减少，竞争者数量减少，许多企业开始退出市场或转型。

客户需求与数量估计：目标群体缩小为专业摄影师和收藏家，他们对胶片的独特质感有特殊需求。市场需求开始萎缩。

债权人偏好的企业类型：债权人在衰退期更加谨慎，偏好那些能够快速适应市场变化、具有转型潜力的企业。对于仍在生产胶片相机的企业，债权人可能会要求更高的风险溢价。

总而言之，客户需求是产量能否转换为销量的关键。银行贷出的资金，转换为实物资产，只有重新转换为资金，流回企业，才真正落实了银行对企业偿债能力的要求。

5.3　产业分析

经过了市场的检验后，贷款资金转换为产品，再从产品完成惊险一跳，转换为现金回流到企业。接下来，为了判断流入的现金流能否完成对本金和利息的覆盖，还需要对产业环境进行分析。产业环境涉及企业多个重要的利益相关者，包括客户、供应商、竞争者、潜在进入者和替代品提供者。做好产业分析，帮助信贷经理验证偿债能力的两个关键假设——收入增长的假设和成本稳定的假设。

五力模型是哈佛大学教授迈克尔·波特提出的一个工具，用于分析行业的竞争强度和盈利潜力。该模型通过五种基本竞争力量揭示企业所处行业的竞争格局：

购买者的议价能力：购买者对价格的影响力。

同业竞争者的竞争强度：行业内现有企业之间的竞争。

新进入者的威胁：潜在竞争者进入市场的可能性。

替代品的威胁：其他产品或服务满足相同需求的可能性。

供应商的议价能力：供应商对价格和条款的影响力。

前四种力量影响价格的稳定性，与收入增长的假设相关；最后一种力量（供应商的议价能力）则与成本稳定的假设相关。

5.3.1 购买者的议价能力

在市场竞争中，产品供应方与购买方之间的议价是一种力量对抗。购买者的议价能力强，则他就能够争取到更低的价格；反之，供应商的议价能力强，则他就能够以更高的价格出售产品。

这种动态平衡对行业收入有着深远的影响，它设定了利润的上限。尽管市场需求可能呈现出快速增长的趋势，但如果购买者的议价能力过强，行业的收入水平就可能会受到挑战。这是因为强大的议价能力可能给供应商带来价格压力，从而大幅下调市场价格。相反，如果市场需求保持稳定，而供应商的议价能力增强，那么行业的价格水平可能会得到提升。

在国美和苏宁等大型零售商崛起之前,家电行业的需求持续增长,市场呈现出供不应求的局面。然而,随着这些零售商的快速扩张和集中化,它们凭借强大的议价能力和对终端消费者的掌控,逐渐在家电供应链中占据了主导地位。尽管市场需求依然旺盛,且增长速度保持在高位,但国美和苏宁等大型零售商通过规模化采购和激烈的市场竞争,迫使家电制造商大幅降低价格,导致行业整体价格水平快速下滑。结果是,在零售商议价能力最强的阶段尽管家电行业的销售增长率保持在高位,但行业的毛利率从26%下降到了16%,整体盈利能力被显著削弱。

5.3.2 同业竞争者的竞争强度

同业竞争者的竞争强度直接影响了企业的定价能力。分析竞争强度需要从两个维度入手:供求关系和战略群组。供求关系决定了行业的整体竞争格局,而战略群组则有助于精准识别竞争对手。

供求关系是分析同业竞争强度的基础。在供大于求的市场条件下,企业通常被迫通过价格战争夺市场份额,导致利润空间被压缩。而在供不应求时,企业无须降价即可实现增长,能够维持价格稳定并获得较高利润率。然而,一些信贷经理过于关注需求端的增长,常常忽略了供给端的增长可能更快。

如果市场需求快速增长,而供给能力增长更快,那么市场上的供给量很快就会超过需求量,导致价格竞争激烈,盈利能力下降。

中国光伏行业在政策支持下需求快速增长,但由于大量企业涌入该行业,供给能力迅速扩张,导致产能过剩。结果是,行业价格竞争激烈，光伏企业的议价能力大幅下降。随着行业整体盈利能力的下降，企业的偿债能力也显著减弱。最终，许多银行贷款无法按时收回，形成了大量坏账。这一现象在光伏行业的成长期尤为突出，成为银行业风险暴露的典型案例。

竞争强度不仅取决于供求关系，还受到供给市场结构变化的影响。

即使市场需求增长缓慢，只要行业由少数几家企业主导市场，竞争强度就仍然较低。这种情况下，企业能够以较高价格销售产品，盈利能力较强。高端芯片市场需求增长相对稳定，但由于技术壁垒高，供给集中在少数几家企业手中（如台积电、三星）。这种寡头结构使得竞争强度较低，企业能够维持较高的价格和利润率。

精准识别竞争对手则需要借助战略群组来分析。战略群组是指在同一行业中，采用相似竞争策略、针对相似客户群体、提供相似产品或服务的企业集合。例如，在智能手机行业，苹果和三星属于"高端"战略群组，注重品牌价值和技术创新；小米和荣耀则属于"性价比"战略群组，主打高性价比和线上销售。也就是说，虽然苹果和小米都属于同一行业，但由于所属战略群组不同，直接竞争强度较低。通过识别企业所在的战略群组，信贷经理可以聚焦于同一群组内的竞争者，从而更精准地评估竞争强度和潜在风险。

5.3.3 新进入者的威胁

新进入者即潜在竞争者，指的是未来可能参与产品生产的竞争者。潜在竞争者有可能会改变市场结构，从而对当前市场价格产生较强的影响。如果行业进入门槛较低，现有竞争者预期新进入者将迅速涌入，导致未来竞争加剧。即使当前供求基本平衡，现有企业也可能采取激进的价格策略，试图在竞争全面爆发前抢占市场份额或"赚一把钱就走"。这种行为会打破原有的市场均衡，引发价格战，进一步压缩行业利润空间。相反，如果进入门槛较高，现有竞争者预期新进入者难以进入，市场竞争格局就相对稳定，价格战的可能性也会降低。

当然，新进入者的数量受行业进入门槛限制。进入门槛是指进入一个行业的新企业所需克服的各种障碍，包括资本需求、技术要求、法规限制、现有企业的规模经济等。高进入门槛可以为行业内企业提供一定程度的市场保护，减少潜在竞争者的威胁。在共享单车行业兴起初期，进入门槛较低，大量企业迅速涌入该市场。尽管初期供求基本平衡，但现有企业预期未来竞争将异常激烈，纷纷采取激进的价格策略（如免费骑行、大规模补贴等手段）以抢占市场份额。结果，行业很快陷入价格战，许多企业因亏损退出该市场。

因此，对于投资者和企业决策者来说，了解一个行业的进入门槛是非常重要的。

5.3.4　替代品的威胁

替代品是指那些来源不同，但能够满足消费者相同需求的产品或服务。在市场经济环境下，消费者拥有广泛的自主选择权，这就使得替代品在各个行业中占据着举足轻重的地位。从消费者的视角出发，几乎所有的消费选择都存在被替代的可能性，而其中的关键因素便是替代成本。

替代成本具体是指消费者从一种产品或服务转换到一种替代品时，所需额外承担的各类费用，涵盖金钱成本、时间成本以及学习成本等多个方面。当替代成本较高时，消费者往往会因为不愿承担这些额外支出，而继续沿用现有的产品或服务，如此一来，替代发生的可能性便会大幅降低。反之，若替代成本较低，消费者就更倾向于选择成本更低或者性能更优的替代品，这无疑会增加原有产品或服务被替代的风险。

在行业层面，替代成本的高低对行业的定价能力有着深远影响。当行业的产品或服务的替代成本较低时，消费者能够轻易转向购买更具性价比的替代品。为了吸引消费者并保住市场份额，行业内企业往往不得不降低产品价格。然而，价格的降低虽然可能刺激需求，但如果成本无法同步下降，企业的利润空间将被压缩，进而削弱整个行业的盈利能力。例如，新型环保材料相较于传统材料，不仅价格更低，性能也更优，这使得传统材料不得不大幅降价，盈利能力显著下降。

如果行业的产品或服务替代成本较高，消费者想要转向购买替代品并非易事。这可能是由于替代品本身技术复杂，消费者需要花费大量时间和精力去学习；或者是消费者对某一品牌具有较高的忠诚度，不愿意轻易更换；又或者是因为客户服务高度个性化，难以被其他产品或服务替代。在这些因素的作用下，行业内企业面临的竞争压力相对较小，能够在一定程度上维持较高的定价水平。

对于信贷经理而言，全面评估替代品的威胁至关重要，可从以下三个方面展开：首先，深入分析市场中是否存在潜在的替代品，并判断其替代企业产品或服务的可能性；其次，时刻关注替代成本的动态变化，紧密结合技术发展趋势和政策导向，预测替代成本是否存在降低的风险；最后，综合考量替代成本与市场需求，科学合理地预测行业的定价能力和潜在风险。

5.3.5 供应商的议价能力

供应商的议价能力直接影响企业对采购成本的控制，进而影响其盈利能力。供应商的议价能力越强，能够获取的利益也就越大，企业的采购成本可能随之越高。相应地，如果采购商的议价能力更强，则能够获得更多的优势，从而更好地控制采购成本。这种力量的平衡对双方的盈利能力有着直接的影响。

中国钢铁行业的生存和发展，高度依赖上游高品质铁矿石供应商，主要包括淡水河谷、必和必拓以及力拓等国际矿业巨头。这些企业在全球铁矿石市场中占据着主导地位，拥有较强的议价能力。在中国钢铁产能快速扩张的几年中，这些供应商多次提高铁矿石售价，导致中国钢铁行业的采购成本快速上升。尽管中国钢铁行业销售收入增长迅速，但由于采购成本上升更快，行业盈利能力被显著削弱。这种议价能力的不平衡，导致中国钢铁行业在与供应商的博弈中处于不利地位。

5.4 宏观环境分析

信贷决策是基于对未来的预测所做出的判断。通过对行业周期的分析，得出市场需求增长的结论，支持了销量增长的假设。进一步地，利用波特五力模型分析影响销售价格的五种力量，支持了收入增长的假设。同时，通过对供应商议价能力的分析，支持了成本稳定的假设。

然而，为了验证这些假设的长期可持续性，需要超越行业和产业的分析框架，从更高的视角审视影响变动的长期因素。这时，就需要进入宏观环境分析的领域，来评估未来的行业需求和产业影响因素的稳定性。这种分析将有助于判断，在可预见的未来，用于偿还银行债务的收入和息税前利润是否足够稳定。宏观环境分析验证了第六个假设——环境有利的假设。

宏观环境分析的核心是，识别对企业所在行业和产业产生影响的宏观因素，并对这些影响因素进行归纳总结。换句话说，宏观环境分析服务于行业和产业分析，是对行业分析和产业分析中影响因素的深度探讨。PEST模型是宏观环境分析的经典模型。

5.4.1 政治

第一个"P"代表政治因素，它主要指的是国家层面的政策和法规，这些政策和法规对整个经济和社会都会产生广泛的影响。政治因素包括政府的稳定性、政策的连续性、法律法规的变化、政府与企业以及政府与公民之间的关系等。

国家层面与产业相关的政策通常包括人口政策、进出口规定、税收制度、补贴、研发支持、市场准入限制等。这些政策分析的落脚点是促进若干产业的健康发展，提高产业的国际竞争力，或者保护环境和社会利益。

以中国的计划生育政策为例，该政策影响了家庭的生育数量，曾经是国家层面的重要社会政策。随着时间的推移，政策调整为允许生育两个孩子，甚至在2021年进一步放宽到允许生育三个孩子。这种政策变化对多个行业产生了影响，尤其是母婴、教育、房地产等行业。

在2021年之前，一些与人口相关的行业，如母婴用品、儿童服装、学前教育等，可能面临需求减少的问题。政策调整后，这些行业可能会迎来新的发展机遇。例如，母婴电商市场在2020年的交易规模已经突破1万亿元，用户规模达到2.45亿人，人均年消费额为4081.83

元。[一]随着三胎政策的实施，预计这一市场将进一步扩大。

此外，新政策的实施也可能对房地产市场产生影响。随着家庭规模的扩大，对更大居住空间的需求可能会增加，这将推动改善型住房市场的发展。同时，家居行业也会因为家庭对居住空间改造的需求而得到发展。

总的来说，政治因素中的相关政策变化，对国家的各个行业有着深远的影响，政策的调整往往会带来产业结构和发展模式的变化。

5.4.2 经济

"E"代表经济因素，它涉及一个国家或地区的经济状况，经济因素主要包括经济发展水平（如国民生产总值，GDP）和相关经济政策，具体包括财政政策、货币政策和产业政策等。

经济发展水平直接影响消费者的购买力和市场需求。在信贷报告中，这一因素常被用来预测行业需求的增长潜力。例如，通过分析 GDP 增长率和人均收入水平，可以判断某一行业未来的市场规模和消费趋势。

20 世纪 90 年代初，笔者在读大学期间，一位大学教授在课堂上做出一个大胆的预测：到 2010 年左右，大多数省会城市家庭将会购买汽车。当时，这个预测让所有学生都感到震惊，因为汽车在那个年代是极为昂贵的奢侈品，普通家庭根本买不起。即便到了 20 世纪 90 年代末，汽车在大多数家庭中依然是凤毛麟角。

教授的预测基于当时城市家庭的可支配收入水平，并充分考虑了

[一] 数据来源：网经社电子商务研究中心发布的《2020 年度中国母婴电商市场数据报告》。

未来 GDP 的增长率。他认为，到 2010 年左右，大多数省会城市家庭的可支配收入将达到 5000 美元，一旦达到这样的经济实力，汽车将成为家庭耐用消费品中的常见选择。

站在今天的视角回顾过去，教授的预测基本上是符合实际的。这个例子生动地展示了经济发展水平对行业需求和市场趋势的影响，同时也说明，在信贷报告中，对经济发展水平的分析是多么重要。

相较于经济发展水平，具体经济政策对产业结构和市场需求的影响更为迅速和直接。

财政政策：通过政府支出和税收影响经济。例如，增加基础设施建设投资可以刺激经济增长，减少税收可以增强企业和个人的消费与投资能力。

货币政策：由中央银行实施，通过调整利率和控制货币供应量影响经济。例如，降低利率可以鼓励借贷和消费，从而刺激经济活动。

产业政策：针对特定产业的政策对市场需求和产业结构的影响尤为显著。

产业政策对市场需求的显著影响

在银行信贷部门任职期间，笔者曾接触过一家生产溢油漏油回收设备的企业。该企业申请了一笔大额项目贷款用于扩大产能，其资金需求远超行业常规扩张速度下的预期。现场调研的过程中，企业负责人解释这一需求源于一项新出台的产业政策。政策要求江河海的码头、船只、钻井平台等必须配备溢油漏油回收设备，且常规设备需每三年更换一次。这一政策导致市场需求急剧攀升，推动产业从成长期快速迈向成熟期。

产业政策对产业结构的重大影响

以山西省煤炭行业为例。2010 年,在产业政策的重大调整下,30 万吨以下的小煤矿企业被淘汰,矿井数从 2600 座锐减至 1053 座。形成 7 个大型煤炭集团,煤炭行业集中度大幅提高。

行业市场需求与产业结构并非仅由内在特性决定,相关政策和经济水平对它们也有着显著的影响。这些因素是分析的重点,因为它们对更精准地评估市场和产业趋势意义重大。通过深入剖析,能更好地预测企业未来经营状况,评价企业债务偿还能力。

5.4.3 社会

"S"代表社会因素。社会因素对行业的市场需求和产业结构同样有很大影响,具体包括人口结构和消费者心理等因素。

人口结构是指一个国家或地区不同年龄、性别、种族等的人口的分布和比例。人口结构的变化直接影响产业的发展和市场需求。以老龄化为例,随着生育率的下降和平均寿命的延长,一个国家的人口会逐渐步入老龄化。老龄化社会对医疗保健、养老服务、健康产品等产业的需求增加,同时对儿童相关产品和服务的需求可能会减少。这种变化促使资本快速聚集于养老产业,加快产业扩张、并购,促使相关产业整合,以适应市场需求和上下游的建设。

消费者心理是指消费者在购买和使用产品或服务过程中的心理活动和行为模式。消费者的心理和偏好,可以极大地影响产业的发展和市场需求。例如,随着环保意识的增强,越来越多的消费者倾向于选择可持续和环保的产品,这促使企业在产品设计、材料选择和生产过程中更加注重环保和社会可持续发展。这种消费者心理的变化推动了绿色产业的发展，影响了产业结构的调整。就健康食品行业来说，这个行业的发展和变化，在很大程度上是由消费者对健康和营养的关注所驱动的。随着消费者对健康饮食认识的加深，他们更倾向于购买有机、无添加、高营养的食品。这种消费者心理的变化，使得对健康食品的需求增长，促使企业开发更多健康食品选项，同时也推动了整个食品产业链向更健康、更天然的方向发展。这种产业结构的变化，体现了消费者对健康和营养日益增长的需求，同时也反映了消费者心理对产业发展的深远影响。

5.4.4 技术

"T"代表技术要素。技术要素的发展，越来越成为经济发展的驱动力，相关技术的发展对行业需求和产业结构有巨大的影响力。随着技术的进步，产品性能提升且成本降低，可以吸引更多的消费者，从而增加了市场需求。技术变革也可能创造出全新的需求，使得某些产品或服务过时，减少甚至消除对这些传统产品或服务的需求。

以出租车行业为例，移动互联网技术极大地改变了这一行业的市场需求和产业结构。

在移动互联网普及前，出租车主要靠巡游接单，打车便捷性差，市场需求增长缓慢。随着智能手机和移动应用程序的广泛应用，滴滴出行等网约车平台改变了行业运营模式。通过智能匹配和优化算法，大幅缩短了乘客等待时间，提供了更灵活、更便捷、个性化的出行选择。这不仅满足了人们快速出行的需求，还迎合了人们对出行品质的追求，如可预约车辆、选择车型等，从而吸引了更多原本因打车不便而选择其他出行方式的人群，创造了更多打车出行需求，扩大了市场规模。

随着网约车平台的兴起，传统出租车市场需求下降。消费者更倾向于使用手机应用程序叫车，享受透明、便捷的服务。这迫使传统出租车行业改革，部分出租车企业与网约车平台合作，引入线上接单服务，以提升运营效率和竞争力。由此，产业结构发生变化，从出租车主导，到网约车与出租车并行，再到网约车占据较大市场份额，出租车被迫适应新环境。

从时间维度来看，移动互联网技术引发的出租车行业的市场需求与产业结构的变化分为以下几个阶段。

萌芽期：一些创业企业探索移动互联网打车服务，虽不完善，但初步改变了人们对打车的认知，挖掘了潜在需求，使出租车行业开始关注新运营模式，产业结构出现变革迹象。

快速扩张期：滴滴出行等平台靠补贴吸引大量用户和司机，提高了打车便捷性，激发了更多需求。传统出租车行业受到挤压，部分司机兼职加入网约车平台。产业结构变得复杂多元，网约车平台逐渐占据主导。

政策规范期：政府出台政策法规，对网约车准入、运营、安全等进行规范。市场扩张放缓，但走向健康发展。传统出租车行业借此机会加强管理和提升服务，产业结构在政策引导下优化调整，市场集中度提高。

市场整合期：滴滴出行通过并购巩固行业地位，小平台退出，资源被优化配置。传统出租车行业与网约车平台深度融合，形成以网约车平台主导、两者协同发展的新局面，产业结构稳定合理，市场需求稳定增长且结构优化。

新阶段：通过5G、人工智能、大数据等技术的应用，网约车平台创新服务模式，提升运营效率。自动驾驶技术（如Robotaxi）进入市场，有望进一步降低成本、提升服务质量。新技术的使用将再次激发市场需求，推动行业向智能化、高效化发展，也促使传统出租车行业加速技术升级和业务转型。

这一演变过程鲜明地展现了技术进步对市场需求和产业结构的推动作用，有助于信贷经理深刻认识技术发展与企业未来经营的关联，从而在信贷评估中更精准地把握企业的偿债能力，降低信贷风险，优化信贷决策。

CHAPTER 6
第6章

财务分析

在完成定性分析（包括运营模式、行业生命周期、上下游、竞争环境和外部宏观环境）后，需要从定量的角度，判断企业未来是否能够按期偿还贷款本息。财务报表是企业"赚钱能力"的说明书，也是定量分析的核心数据来源。但在依赖这些数据之前，必须验证其真实性，并在真实的基础上评估企业的偿债能力。这一过程涉及最后两个关键假设的验证，即财务真实和财务可靠的假设。

6.1 财务的真实性判断

企业未来的偿债能力取决于其经营成果，而经营成果又依托于当下的财务分析。基于现有的财务分析，信贷经理需要判断企业未来能否偿还银行债务。正如计算机领域的经典警句"输入的是垃圾，输出的也必然是垃圾"所示,若现有的财务数据质量不佳,得出的未来偿债能力分析结果必然不可靠。因此,为了准确评估未来的偿债能力,当前财务业绩数据的真实性至关重要。这部分内容阐述了如何验证财务数据的真实性,涉及的假设是假设七——财务真实的假设。

6.1.1 风险导向型审查方法

传统的信贷审查方法,是通过资产负债表的平衡等式,以及报表间的勾稽关系来判断报表真伪,然而,随着会计软件的普及,这些方法的效力大幅下降。现代会计软件在生成报表前会自动检测平衡性和勾稽关系,使得报表呈现几乎无瑕疵。因此,信贷经理应采用风险导向型审查方法。风险导向型审查方法是一种主动、前瞻性的审查方式。这种方法的核心思想是先识别企业可能存在的风险点,再针对这些风险点进行重点核查。该方法类似于审计工作中的风险导向审计,强调"抓大放小",即优先关注高风险领域,而不是对所有财务数据进行全面检查。

例如,信贷经理要审查一家制造业企业,发现其所在行业竞争激烈,且管理层面临较大的业绩考核压力。这种情况下,企业可能存在虚增收入和虚增利润的风险。

针对虚增收入的风险,可以采用逆查的方式核查收入的真实性。

逆查是指从报表中的收入金额出发,逆向追溯至原始凭证(记录经济业务的书面证明,如发票、合同)和实物凭证(证明交易实际发生的物理证据,如签收单、物流单据),以验证收入的真实性。具体步骤如下:

报表数据:查看利润表中的收入金额。

账簿记录：核对总账和明细账中的收入记录。

记账凭证：检查记账凭证中的收入确认依据。

原始凭证：核查销售合同、增值税发票、银行流水等能够证明经济业务发生或完成的书面材料。

实物凭证：确认是否存在真实的交易背景，例如货物交付记录、客户签收单、物流单据等能够证明交易的实际发生。

通过逆查，信贷经理可以验证报表中的收入金额是否真实，是否有完整的原始凭证和实物凭证支持。

针对虚增利润的风险，可以采用顺查的方式核查成本和费用的完整性。

顺查是指从实物凭证和原始凭证出发，顺向追踪至报表中的成本和费用金额，以验证其完整性。具体步骤如下：

实物凭证：检查货物入库单、出库单、生产记录、物流单据等实物凭证。

原始凭证：核对采购合同、供应商对账单、银行流水、人员工资表等原始凭证。

记账凭证：检查记账凭证中的成本和费用确认依据。

账簿记录：核对总账和明细账中的成本和费用记录。

报表数据：确认报表中的成本和费用金额是否与实物凭证和原始凭证一致。

通过顺查，信贷经理可以验证成本和费用的完整性，确保报表中的数据真实可靠。

在信贷的场景下，企业财务报表的风险可能来自以下几个方面：

虚增资产：企业可能会在财务报表中夸大其资产价值。

隐瞒负债：企业可能未在财务报表中充分披露其负债情况。

虚增收入：企业可能通过不正当手段增加财务报表中的收入。

隐瞒费用和成本：企业可能未在财务报表中完全披露其运营成本和费用。

虚增资产的风险

在进行风险导向型审查时，信贷经理应从虚增资产的风险审查开始。虚增资产是企业美化财务报表的常见手段，目的是虚假提高企业的偿债能力和信用评级，从而获得更多贷款。为了识别和防范这种风险，信贷经理需要结合企业的产品类型和商业模式，判断其应具备的资产类型，然后通过逆查法核查资产真实性和合理性。例如，生产制造业企业通常拥有大量设备和有形产品，而服务行业企业可能没有传统意义上的存货，但其资产可能以特殊形式存在，如版权。

以华电国际（发电企业）和华谊兄弟（电影制作企业）为例：华电国际的商业模式是通过发电设备生产电力并销售，因此发电设备是其核心资产，在报表上对应于固定资产。而华谊兄弟的商业模式是制作电影并销售版权，因此电影版权是其核心资产，因电影版权是用于出售而非出租，性质上更接近存货，报表上归类为流动资产。（本案例参考了肖星的财务公开课。）

通过从商业模式到报表项目的逻辑推导，信贷经理能够更准确地定位审查重点，确保资产的真实性和合理性，这种定性分析为后续的定量核查提供了方向。而通过对财务报表中具体数据的定量核查，可以验证定性判断是否成立，并评估资产的规模、结构和变化是否合理。例如，对于华电国际，通过查看报表中固定资产的金额，确认其是否与企业的设备规模匹配，并检查折旧政策是否合理。对于华谊兄弟，核查流动资产（版权）的金额是否与企业的版权规模匹配，并检查版权交易记录是否具备真实的交易背景。通过这种定性与定量相结合的方法，信贷经理能够快速掌握企业的资产状况，并为后续更为精准的真实性核查提供坚实基础。

在具体操作中，针对虚增资产的风险采用逆查法来核查，即从报表中的资产项目出发，逆向追溯至原始凭证和实物凭证，以验证资产是否真实存在。这种方法特别适用于虚增资产的风险核查，因为虚增资产通常表现为报表中某些资产项目金额异常，缺乏真实的交易背景或实物支持。具体步骤如下：

步骤1：在报表中发现某些资产项目金额异常（如固定资产或存货金额过大）。

步骤2：核对账簿记录和记账凭证，确认资产记录的来源和依据。

步骤3：追溯至原始凭证（如采购合同、发票）和实物凭证（如设备清单、货物签收单），确认资产是否真实存在。

步骤4：针对可疑项目，与管理层沟通并获取合理解释，必要时进行现场核实。

顺查法虽然主要用于解决完整性问题（即确保所有真实存在的资产都已正确记录在财务报表中），但在虚增资产的核查中，顺查法可以作为补充手段，帮助信贷经理发现企业可能隐瞒的资产。例如：

步骤1：通过现场观察（如仓库盘点、设备检查）获取实物凭证（如货物入库单、设备清单）。

步骤2：核对原始凭证（如采购合同、发票）与实物凭证的一致性。

步骤3：追踪至记账凭证和账簿记录，确认资产在财务系统中的记录是否完整。

通过逆查法和顺查法的结合，信贷经理就能够更全面地核查财务报表的真实性，确保资产数据的准确性和可靠性。

隐瞒负债的风险

在资产负债表的平衡等式中，资产等于负债加所有者权益。在确定资产的真实性和合理性后，下一步是验证负债的完整性。由于负债通常难以直接在负债项目中隐瞒，企业可能会通过将负债转移到权益部分，来掩盖真实的负债情况。因此，审查的重点应从负债项目扩展到所有者权益项目，以识别是否存在通过权益调整隐瞒负债的行为。权益主要由两部分组成：一是投资者的原始投资，二是利润结余。对于原始投资的核查相对直接，因为有工商登记和银行流水等资料作为依据。因此，权益核查的重点应放在利润结余（财务报表中对应项目是未分配利润）上。利润结余作为企业收入减去成本和费用后的剩余，其核查首先需要对企业收入、成本和费用进行审查。不过这里先假设收入、成本和费用的真实性与准确性已经得到验证，并排除其作为风险点的可能性。基于此，信贷经理可以使用这些经过验证的数据进一步审查隐瞒负债的问题。

对于成立时间较短的企业，信贷经理可以通过计算原始投资额，再加上自成立以来每年的利润结余（扣除分红后）来估算所有者权益。将原始投资与利润结余相加，得到的总和即为权益总额。在资产端核查无误后，信贷经理可以通过总资产减去权益总额来推算出负债额。如果计算出的负债额明显高于报表中披露的负债额，这可能表明企业隐瞒了部分负债。

然而，对于那些成立时间较长的企业，由于难以对每一年的利润进行详细核查，信贷经理应重点关注近期的利润结余。根据风险越高越重要的审计原则，离当下越近的财务数据，数据作假的可能性越高，因此信贷经理只需对近 3~5 年的利润结余进行核查。这样的时间范围既能确保核查的可行性，又能覆盖到对决策影响最大的近期财务状况。通过这种方法，信贷经理可以更有效地评估企业隐瞒负债的风险，同时保持审查工作的效率和效果。

通过两个假设案例来具体说明如何操作。

案例一：成立时间较短的企业

假设有一家成立时间为 3 年的企业 A，企业 A 声称其负债为 5000 万元。在这种情况下，信贷经理首先确认企业的原始投资额，比如说为 1000 万元。然后，开始核查这 3 年来企业的利润结余。假设企业 A 这 3 年的利润分别为 500 万元、600 万元和 700 万元，合计 1800 万元。扣除这 3 年的分红，假设分红支出共 500 万元，则利润结余为 1300 万元。将原始投资和利润结余相加，企业 A 的所有者权益总额应为 2300 万元。

在资产端核查无误后，假设企业 A 的总资产为 8000 万元。根据资产负债表的平衡等式，计算出负债额应为 8000 万元 − 2300 万元 = 5700 万元。这个计算出的负债额明显大于企业 A 声称的 5000 万元，这表明企业 A 可能隐瞒了部分负债。

👆 案例二：成立时间较长的企业

企业 B 成立于 10 年前，企业 B 同样声称其负债为 5000 万元。由于直接核查 10 年的利润结余不现实，信贷经理采取的策略是关注最近 5 年的利润结余。假设最近 5 年的利润结余形成的未分配利润合计为 1000 万元（经过验证符合实际），前 5 年利润结余形成的未分配利润为 200 万元（无须验证），原始投资为 1000 万元，所以企业 B 的权益总额累计为 2200 万元。

如果企业 B 的总资产为 8000 万元，那么计算出的负债额应为 8000 万元 - 2200 万元 = 5800 万元。这个结果与企业 B 声称的 5000 万元负债有出入，表明企业 B 可能隐瞒了 800 万元的负债。

这两个案例展示了，如何通过核查权益项目来间接发现隐瞒负债的风险。通过这种方法，信贷经理可以更准确地评估企业的真实负债状况，从而降低潜在的投资风险。

虚增收入的风险

在利润表的风险核查中，首先需要关注的是收入的真实性。企业可能通过虚增收入的方式，在财务报告中进行不实陈述。在当前税务环境下，尤其是金税四期（国家税务总局推出的最新税收管理系统，通过大数据和人工智能技术实现对企业税务信息的全面监控）实施后，企业销售产品或提供服务后不开票的行为风险很大。因此，核查企业是否存在虚增收入的情况，可以通过检查收入是否开具真实的增值税发票来实现。进一步核查时，可以检查发票的开具时间、金额是否与销售合同一致，以及发票是否与实际交易背景相符。这种从财务报表出发，逆向追溯至发票、合同的核查方法，正是逆查法的核心体现。通过核实发票的真实性以及对应交易的完整性，可以初步判断企业是否存在虚增收入的情况。

然而，仅凭发票并不能完全排除虚增收入的风险。因此，在初步核查的基础上，信贷经理还需进一步验证收入的真实性。这可能包括但不限于以下方法：

对客户进行函证：通过向客户发送函证，确认交易的真实性和金额的准确性。

检查收入确认的时点：检查收入确认的时点是否符合会计准则，是否存在提前确认收入的情况。

检查收入与现金流的匹配性：检查收入与现金流的匹配性，确认收入是否实际到账，是否存在虚增收入的情况。

通过这些方法，信贷经理可以更全面地核查收入的真实性，确保财务报表的准确性和可靠性。

隐瞒费用和成本的风险

在完成收入风险核查后，接下来审查成本和费用。成本和费用的完整性和准确性，同样对企业的利润水平有重大影响。为了有效识别成本和费用是否存在隐瞒或低估的风险，信贷经理可以通过以下两个思路进行核查。

收入占比分析法（初步筛查）

通过分析成本和费用在收入中的占比，判断是否存在异常。如果占比与行业平均水平或历史数据一致，可以暂时排除风险。如果占比异常（如明显低于行业平均水平或历史数据），或者金额显著偏小，则需要进一步核查。

操作步骤：

（1）计算企业的成本和费用占收入的比例（如营业成本率、销售费用率、研发费用率等）。

（2）对比行业平均水平或企业历史数据，识别异常项目。

如果占比正常，可以暂时排除风险。如果占比异常，则运用关键成本法进行详细核查。

优点：简单易行，能够快速识别异常。

局限性：依赖行业数据或历史数据的准确性，可能存在误差。

行业使用举例：

制造业：通常营业成本在收入中的占比较高。以汽车制造业为例，吉利汽车2022年的财务报告显示，其营业成本占收入的比例较高，这反映了其生产密集型的特征。如果某制造业企业的营业成本率明显低于行业平均水平（如60%），可能存在成本低估的风险。

高科技行业：研发费用在收入中的占比往往较高。以华为为例，其研发费用占收入的比例超过10%，体现了高科技行业对创新和研发的重视。如果某高科技企业的研发费用率明显低于行业平均水平（如10%），可能存在费用低估的风险。

医药行业：销售费用通常较高。2022年，销售费用超过10亿元的境内上市医药企业有89家，销售费用超过50亿元的有10家，其中上海医药的销售费用高达140余亿元。从销售费用占总营收的比例来看，有39家上市医药企业的数据超过50%，其中亚虹医药由于 2022 年的营业收入只有 2.61 万元，销售费用占总营收的比例高达 55 895%。这表明医药行业在销售和市场推广上的投入巨大。如果某医药企业的销售费用率明显低于行业平均水平（如 50%），可能存在费用低估的风险。

当信贷经理运用收入占比分析法初步筛查出异常情况，需要进一步深挖根源时，关键成本推导法便派上用场。

关键成本推导法（顺查）

在收入真实的基础上，通过收入占比分析法发现成本或费用占比异常，则需采用关键成本推导法来进一步确认。核查关键成本（如原材料成本、人工工资、能源成本和物流成本等）的真实性和准确性，并基于验证后的数据，推导总成本和费用的合理水平。若推导结果与报表数据存在较大差异，则可能存在成本或费用隐瞒或低估的风险。

操作步骤：

（1）确定关键成本：选择必然存在、难以作假且与销售量有稳定比例关系的成本项目（如原材料成本、人工工资、能源成本）。

（2）核查关键成本单据：核对采购合同、发票、工资表、银行流水等支持性文件，确认关键成本的真实性和准确性。

（3）推导总成本和费用：根据关键成本与总支出的比例关系，推算总成本和费用的合理范围。

（4）对比企业报表数据：如果推导结果与企业报表数据存在较大差异，则可能存在成本、费用隐瞒或低估的风险。

优点：针对性强，能够有效发现隐瞒或低估的风险。

局限性：方法较为复杂，需要核查人员具备较高的专业水平，包括较强的逻辑分析能力、对企业运营环节有深入的理解，以及对行业特点的熟悉。

案例：某制造业企业

收入：1000万元。

成本占比：

营业成本率：行业平均水平为60%，企业报表数据为50%。

初步筛查：

营业成本率低于行业平均水平，可能存在成本隐瞒或低估的风险。

详细核查（关键成本核查）：

原材料成本：核对采购合同和供应商发票，确认原材料成本为500万元。根据销量（10 000件）和单位产品原材料成本（500元），营业成本中包含的原材料成本应为500万元。

人工工资：核对工资表和银行流水，确认人工工资为200万元。根据销量（10 000件）和单位产品人工工资（200元），营业成本中包含的人工工资应为200万元。

能源成本：核对电力账单，确认能源成本为100万元。根据销量（10 000件）和单位产品能源成本（100元），营业成本中包含的能源成本应为100万元。

推导总成本：

根据历史数据，关键成本占总成本的70%。

实际发生的关键成本总额为500万元+200万元+100万元=800万元。

因此总成本应为"800万元/0.7"，即约为1143万元。

对比企业报表中的营业成本金额（500万元），存在较大差异，表明可能存在成本隐瞒或低估的风险。

通过收入占比分析法和关键成本推导法的结合应用，信贷经理可以高效且准确地识别成本、费用隐瞒或低估的风险。虽然这种方法对核查人员的专业水平有一定要求，但针对性强，能有效降低核查难度和成本，适合信贷经理实际应用。

6.1.2　经营逻辑与财务逻辑的匹配审查

虽然信贷经理审查的是财务数据，但财务数据是伴随着企业经营形成的，因此可以结合经营逻辑来验证财务数据，判断其是否与企业经营相匹配。通常情况下，财务数据与经营逻辑是匹配的。如果出现不匹配的情形，可能存在以下两种情况：一是存在尚待进一步说明的事项，例如季节性波动或特殊业务安排，只要相关事项真实存在且原因合理，财务报表本身就不存在问题。二是存在需要调整的事项，即财务数据与经营逻辑不匹配且缺乏合理解释，此时财务数据就需要做出调整。如果企业未进行调整，在无法拒绝该项业务的前提下，银行等金融机构应基于谨慎性原则，尽可能将风险从财务报表中挤出。

下面，将从采购、生产和销售三个环节，来说明经营的一般逻辑，以及经营逻辑与财务报表项目之间会有怎样的匹配关系。

采购逻辑

采购的逻辑主要与供应商的结算方式有关。尽职调查中，首先要确定企业的主要供应商是谁，供应商的议价能力如何。理解了供求双方的谈判实力，就很容易理解在与供应商的采购合作中，有怎样的结算条件。采取的是预付款、应付款，还是现货现款？如果结算方式是现款结算，则财务报表中就不应该有应付账款和预付账款的余额。如果不是现款结算，则会形成预付款或应付款。通过付款间隔天数的经营描述，结合周转天数的计算就可以验证财务报表的真实性。

在实际采购中，企业通常会与多个供应商合作。这些供应商提供不同的物资，且规模各异，会形成不同的结算方式。此外，即使同样的结算方式，也常常有不同的结算条件。例如，对于大型供应商，企业可能采用较长的付款周期（如60天），而对于小型供应商，可能采用较短的付款周期（如30天）。然而，只要大致区分不同结算方式的占比，以及同样结算方式中最主要的结算条件，就能够粗略估算出周转次数的合理区间，并以此估计财务数据所处的上下限区间，从而判断其合理性。

例如，在企业采购环节，当结算方式为赊购，且已知付款周期时（假如所有原材料均赊购且付款天数为30天），这便构成了一种典型的经营逻辑。为了验证财务报表体现的逻辑（简称财务逻辑）是否与典型的经营逻辑一致，可以采用以下方法：

方法一（直接验证法）：通过询问财务人员，获取企业一年总的原材料赊购金额（假设为12 000万元）。若应付账款平均余额为1000万元（假设应付账款的分布是均匀的），用赊购总金额除以应付账款平均余额，应得到12左右的结果，折算下来应付账款周转天数为30天，与经营中的付款天数相符。这说明经营逻辑与财务逻辑是一致的。

方法二（间接验证法）：由于赊购形成的原材料成本最终会通过存货进入营业成本，形成营业成本的一部分（营业成本包含料、工、费），且占比较为稳定，因此，为了准确计算应付账款周转率，需要对营业成本进行调整计算。若应付账款平均余额仍为1000万元，营业成本中原材料的部分为12 000万元，此时用营业成本中料的部分除以应付账款平均余额，理论上得到的应付账款周转率应为12。这种方法较为复杂，不仅要精准剔除营业成本中的人员工资、制造费用等其他构成要素，还要高度关注存货期初和期末余额的差异。

当存货期末余额大于期初余额时，意味着部分赊购的原材料沉淀为存货，并未完全转化为营业成本。用营业成本中料的部分除以应付账款平均余额，计算得出的应付账款周转率会偏离真实情况，与经营逻辑产生偏差。反之，若存货期末余额小于期初余额，意味着营业成本中包含了前期存货结转的部分，这同样会干扰应付账款与营业成本中料的对应关系，使财务逻辑与经营逻辑不能完全一致。

同理，若企业采用预付方式购买原材料，每次预付1000万元，预付期限为30天。一年预付次数为12次，则总的预付金额为12 000万元。从经营逻辑看，预付账款30天后收到原材料，这些原材料会进入产成品，最终通过销售进入营业成本。在财务核算上，可以通过以下两种方法验证经营逻辑与财务逻辑的一致性：

方法一（直接验证法）：直接获取企业一个年度内采购原材料预付的总金额（12 000万元），除以预付账款平均余额（1000万元），得到的预付账款周转率为12，对应的账期为30天左右。这与经营中的预付期限一致，说明经营逻辑与财务逻辑相符。

方法二（间接验证法）：从财务报表数据中找到营业成本的发生额，

用营业成本的发生额乘以"料、工、费"中原材料占比，再除以预付账款平均余额，计算得到预付账款周转率。需要注意的是，该方法同样需要剔除营业成本中人员工资和制造费用等其他构成要素，并假设存货期初和期末余额变化不大。

通过以上两种方法，信贷经理可以验证采购环节的逻辑一致性，及时发现财务报表中的问题，并寻求合理的解释。

生产逻辑

生产环节的逻辑，主要与存货周转相关。存货周转率可以用营业收入计算得到，也可以用营业成本计算得到。但评价财务数据所反映的财务逻辑，是否与生产环节体现的经营逻辑匹配时，只能用营业成本来计算存货周转率。例如，企业的营业成本为1000万元，平均存货为200万元，存货周转率为1000万元÷200万元=5，周转天数是365天÷5天=73天，这是财务的逻辑。

从经营逻辑来看，供应链部门称一批原材料从入库到出库上生产线需要约30天。生产部门表示，一批原材料从上生产线到产成品完工需要耗用23天。管库人员称，一批产成品从入库到销售需要约20天。理论上，存货周转天数为73天（=30天+23天+20天）。不过，季节性波动、存货管理政策变化等因素，会导致存货流转速度不稳定，使期初与期末存货数值缺乏代表性。但经营的逻辑描述，为预测期末存货数值提供了参考范围。比如，供应商采取批量折扣政策鼓励多购原材料，通过财务数据的计算，存货周转天数可能会大于73天。若存在淡旺季，考虑年末淡季降低库存，通过财务数据的计算，存货周转天数可能会小于73天。

进一步来说，当原材料采购总量不变时，采购批次越多，采购间隔期越短。从经营逻辑看，原材料库存减少，原材料周转周期缩短。在产品减少，生产周期缩短。产成品减少，销售周期缩短。这些变化共同推动了存货周转的加快。从财务逻辑看，验证指标存货周转率（销售成本/平均存货）的分母（平均存货）因原材料、在产品和产成品的减少而变小，存货周转率变大，显示存货周转加快。

综上所述，从经营角度分析存货周转的逻辑，需要结合原材料周转、在产品生产以及产成品销售等关键环节，并在此基础上对比财务比率以验证其真实性。同时，需考虑经营政策的变化，适当调整财务比率的合理区间范围，以寻求一个大致合理的估值区间。在评估了存货的合理上下限区间后，结合现场对存货的观察和抽样盘点，可以评价存货资产是否真实存在，以及是否出现减值迹象。当下的存货关系到未来的收入，只有存货真实且未减值，才可能形成对偿债有保障的预期收入水平。这正是生产逻辑验证的核心所在。

销售逻辑

企业的客户是谁，客户的议价能力如何？理解了买卖双方的谈判实力，就很容易理解在销售过程中，有怎样的结算条件。企业采取的是预售、赊销还是现销？如果是预售，提前多少天预售？如果是赊销，收款账期是多少天？根据不同的结算条件和收款周期，可以对应资产负债表来验证财务数据的真实性。如果企业的结算条件采取的是现销，其资产负债表就不应该存在预收账款和应收账款。如果这两个项目的金额不为零，则需要解释其存在的合理性。如果结算条件有预售或赊销，根据其收款政策，结合财务数据之间的关系，可以验证其预收账款、应收账款等科目金额的合理性。

财务报表的数据是各类情况的汇总呈现,因此,即便是来自占比最高的客户的收入,对应的经营逻辑也无法与财务报表项目所体现的逻辑关系完全等同。然而,经营逻辑至少提供了一个可供参考的范围。某真实案例中,企业有两种销售方式:现销和赊销。赊销在总收入中占比为80%,最长账期为3个月,且销售政策是稳定的,过去三年内未发生重大变化。按照经营逻辑,应收账款周转率应超过4(即账期短于3个月),因为赊销收入中存在账期短于3个月的情况。

在核查财务数据时,用销售收入乘以80%(以剔除现销的影响),再除以应收账款和应收票据的平均汇总余额,计算应收账款周转率。结果发现,过去三年中有两年的应收账款周转率为3,即账期为4个月,略长于经营逻辑中的最长账期(3个月)。考虑到季节性因素(如年底回款较慢),这种偏差可能是合理的,但需要进一步验证该行业是否存在年底压款的现象。

然而,有一年的应收账款周转率为1.5(即账期为8个月),财务逻辑推导出的数值大大超出了经营逻辑的范围,季节性因素也无法解释这种大幅偏离。如管理层无法提供合理的解释,则表明应收账款可能存在虚增的风险,需进行调整。

在完成了上述采购环节、生产环节以及销售环节的分析后,结合现场实物的盘点,报表中财务数据的真实性已得到基本判断。基于真实的财务数据,可进一步展开偿债能力分析,以全面评估企业的财务状况和风险水平。

6.2 财务的循环逻辑与偿债能力评价

6.2.1 财务的循环逻辑

企业生存的本质是盈利，而盈利的核心在于资金的循环流动。财务的循环逻辑是理解企业财务运作的基础，它揭示了资金如何从流入到流出，通过经营活动转化为更多的资金。这一循环逻辑不仅是企业运营的核心，也是分析三张财务报表（资产负债表、利润表、现金流量表）的关键。通过图6-1，可以清晰地看到资金的流转路径，以及各个环节之间的关系。以下是每个步骤的详细讲解。

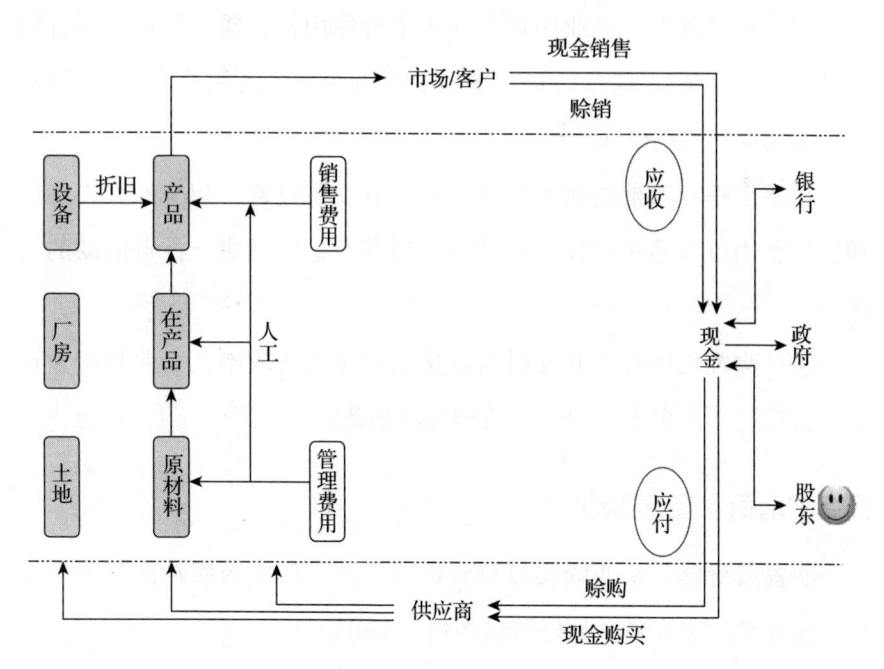

图 6-1 财务的循环

资料来源：曾沛涛的视频课程《用财务管理为企业盈利》；肖星的财务公开课。

资金的起点：融资活动

股东投资：企业成立的第一笔资金来自股东的投资，这是企业运营的起点。股东出具的资金为企业提供了初始的资金储备。

银行借款：当股东资金不足时，企业会向银行借款以填补缺口。这些借款作为负债计入资产负债表，同时增加了企业的资金储备。

通过股东投资和银行借款，企业获得了足够的资金，为后续的资产购置和生产活动提供了资金支持。

资金的使用：投资活动

购置长期资产：企业用现金购买土地使用权、建设厂房、添置固定资产（如设备），这些活动在图 6-1 中的现金购买和赊购环节体现。这些长期资产的购置属于投资活动。

在建工程：如果企业正在建设厂房或安装设备，相关的人工支出和借款费用可以通过在建工程计入长期资产，这也属于投资活动的一部分。

通过购置长期资产和支付与在建工程相关的成本，企业将资金转化为长期资产，为未来的生产活动奠定基础。

资金的增值：经营活动

购置原材料：企业购买原材料进行生产，依次形成在产品和产成品，这些都属于存货，是经营活动的一部分。

支付人工成本：企业支付人工及服务成本（生产工人、销售人员、管理人员等），这些支出分别计入生产成本、销售费用和管理费用。人工支出基本属于经营活动，除非是直接与在建工程相关的人工成本。

生产与销售：企业将原材料转化为在产品和产成品，并通过市场／客户进行销售，获得资金流入或形成应收账款。

现金回流：如果是赊销，应收账款最终会转换为现金流入企业。企业通过销售实现资金的增值，确保资金流入总额大于资金流出总额。

通过生产和销售活动，企业将存货转化为现金或应收账款，实现了资金的增值。这一过程是财务循环的核心，确保了企业能够通过经营活动产生更多的资金流。

资金的分配与再融资：融资活动

偿还债务：企业定期向银行支付利息并到期偿还本金，确保债权人的利益。

股东分红：如果盈利，企业会向股东分红。

扩大再生产：若市场未饱和，企业会融入更多资金以扩大再生产。购买更多土地使用权、厂房、固定资产、原材料及服务，雇用更多人工，形成新的循环。

当市场饱和后，企业可能停止扩张，还清银行债务，剩余资金归股东所有。若有新机遇，企业会重启循环，重新融入资金进行生产和销售。

图 6-1 虚线内描述的是**资产负债表**，右边反映资金来源（银行对应负债，股东对应权益），左边体现资金去处（原材料、在产品和产品对应存货，土地、厂房和设备对应长期资产）。资产负债表主要展示了企业的融资、投资活动以及部分经营活动，反映了企业在某一时点的财务状况。

图 6-1 虚线外描述的是**利润表**，上面是收入部分，下面是支出部

分。虚线内外相连的部分构成了经营活动，利润表展示了企业在一定期间内的经营成果，反映了资金通过经营活动增值的过程。

而**现金流量表**对应整张循环图，展示了资金的整个流转过程，涵盖融资、投资和经营活动，从现金起始又回归现金。现金流量表是财务循环的动态体现，帮助分析企业现金流的健康状况。

所以说，分析报表就是剖析循环图的各个部分。掌握循环图有助于更好地理解报表分析，进而评估企业的财务和经营状况。通过结合三张报表，信贷经理可以全面了解企业的资金来源、资金使用以及现金流的动态变化，为决策提供有力支持。

6.2.2 偿债能力的评价逻辑

假设借款企业从银行借入1000万元资金，这笔资金作为负债计入资产负债表的负债端。同时，该笔资金也计入资产负债表的资产端，成为企业的存量资产。企业利用这些存量资产生产产品并销售，获得销售收入，扣除必要的成本和费用后形成利润，使得存量资产得以增加，继续用来生产产品并销售，形成经营循环。在借款期限内，不停地循环往复，周而复始。

假设借款期限为一年，经营过程中，企业需要满足两类投资人的诉求：

（1）债权投资人（债权人）：企业使用1000万元资金，需要支付利息，假如利率为6%，则利息支出为60万元，收入扣除必要的经营支出后，必须能够覆盖利息支出。

（2）股权投资人（股权人）：他们是剩余权益的索取人，企业在扣除所有的成本和费用后必须有剩余利润。

只有满足这两类投资人的诉求，企业的经营才能持续，资金循环才能不断进行。

1000万元借款形成了存量资产，企业通过运用存量资产，获得流量收入。流量收入扣除必要的开支后，剩余的部分用于偿还利息。到期以后，1000万元借款形成的存量资产不再进入经营循环，直接以账面价值偿还债务本金。从银行的角度，60万元的利息收入属于银行的流量收入，1000万元的贷出本金属于银行的存量资产。

借款企业流量收入扣除必要开支后的剩余，偿还利息（银行的流量收入）。其本质是用借款人利润表中的流量，匹配银行的流量。

借款人用资产负债表中的存量资金，偿还借款本金（银行的存量资产）。其本质就是用借款人资产负债表中的存量，匹配银行的存量。

这样就有了偿债口诀——流量配流量，存量配存量，即用权责发生制的流量表（利润表）和收付实现制的流量表（现金流量表），来评价对利息的偿还能力；用资产负债表，来评价对本金的偿还能力。

6.3 偿债能力分析之利润表分析

要判断借款企业未来能否偿还到期利息，需通过分析今天的利润表得出结论。而今天的分析能否得出有效结论，首先取决于利润表数据的真实性，这便是前面提到的假设七——财务真实的假设。然而，即便财务数据真实，若盈利能力不可持续，企业获得融资后，也将因缺乏可持续的收入或利润，出现偿债能力不足的情况。所以要在财务业绩真实的基础上验证假设八——财务可靠的假设，也就是财务业绩可持续的假设。

6.3.1 利润表的基本概念和作用

利润表描述了一段时间内的经营成果。从债权人的角度来看，利润表的核心作用是，评估企业是否有足够的盈利能力来偿还债务利息。从股权人的角度，则关注企业是否能达到预期的投资回报率。由于本书读者主要是银行的信贷经理，因此本书仅从债权人的视角，描述利润表的分析逻辑。

利润表反映的是，企业过去如何通过满足客户需求来获得收益。信贷经理通过阅读利润表，可以了解企业过去的盈利能力，并评价其过去的偿债能力。在此基础上，如果未来企业的盈利模式不变，利润表的分析能够帮助预测企业未来的偿债能力。反之，如果未来的盈利模式与过去有根本性不同，利润表的分析价值将大打折扣。

例如，企业 A 从事畜牧行业，申请银行贷款后计划转向房地产行业并退出畜牧行业。在这种情况下，通过分析其畜牧业务的利润表，来评估未来的偿债能力几乎没有意义。

信贷经理需要确保企业的盈利模式在未来保持稳定，从而通过分析利润表来预测企业的偿债能力。此外，即使盈利模式不变，利润表的分析也必须区分可持续和不可持续的盈利能力。分步式利润表能够满足这一需求，它将常规营业活动与非常规营业活动区分开来。通常情况下，只有常规营业活动才是可持续的。这种区分是预测未来偿债能力的基础。

总之，利润表的分析必须区分可持续和不可持续的因素，从可持续的角度出发，重点关注常规营业活动的盈利能力。如果忽略这一点，利润表的分析将失去价值。

6.3.2 利润表分析的核心逻辑

企业通过支付料、工、费等成本生产出产品，然后通过销售获得收入，扣除必要的开支后，用剩余的收益来偿还利息。

这一过程可以用一个简化的例子来说明。

企业花费 2000 元生产产品，其中 1000 元来自银行贷款，利率为 10%，需支付利息 100 元。

生产完成后，产品计入存货，价值 2000 元。

企业通过销售获得 3000 元收入。

假设一年只有一次销售，为了持续经营，企业需要留出 2000 元用于下一个生产周期，600 元用于销售费用和管理费用（假设各占收入的 10%）。

剩余 400 元中，100 元用于支付利息，300 元为营业利润。

如果企业有营业外收入 100 元，利润总额为 400 元，扣除 25% 的所得税后，净利润为 300 元。

企业的利润表如表 6-1 所示。

表 6-1 企业利润表

项目	金额（元）	说明
营业收入	3000	企业通过销售产品获得的收入
减：营业成本	2000	生产产品所花费的成本，包括料、工、费等
营业毛利	1000	营业收入减去营业成本
减：销售费用	300	销售部门费用，假设为收入的 10%
减：管理费用	300	管理部门费用，假设为收入的 10%
减：财务费用（利息支出）	100	企业的利息支出等费用
营业利润	300	营业毛利减去销售费用、管理费用和财务费用

（续）

项目	金额（元）	说明
加：营业外收入	100	非经常性收入，例如资产出售收益
利润总额	400	营业利润加上营业外收入
减：所得税费用（25%）	100	利润总额的25%
净利润	300	利润总额减去所得税费用

从债权人的视角，利润表中的哪个数字与偿还利息的能力评价最相关？有人认为是净利润，因为它是企业经营的成果。也有人认为是营业收入，因为收入是所有支出的来源。然而，这些说法都有其局限性。

净利润作为偿还利息的能力评价指标存在以下问题：净利润包含了营业外收入和营业外支出，这些项目与企业的未来盈利能力相关性较弱。例如，营业外收入可能来自一次性资产出售，不具备可持续性。营业外支出可能来自非经常性损失，与未来经营无关。需要注意的是，如果营业外收入来自政府补贴，且企业能够持续获得这种补贴，那么这个类型的收入可能具有一定的可持续性，应在盈利预测中予以考虑。由于大多数营业外收支不具备可持续性，通常在盈利预测中不应考虑该项目。因此，净利润难以准确反映企业的偿债能力，除非能够明确区分可持续和不可持续的营业外收支。

在上面的例子中，企业的净利润为300元，其中包含了100元的营业外收入。如果这100元来自一次性资产出售，未来不再发生类似的收入，假设其他条件不变，企业预期净利润将下降至200元，偿债能力也会相应减弱。然而，如果这100元来自政府补贴，且企业能够持续获得这种补贴，那么这部分收入应被视为可持续收入，并在盈利预测时予以考虑。

确实，营业收入是企业偿还债务的基础，但将营业收入与偿债能力直接关联也存在问题。未来偿债的前提是持续经营，因此企业获得营业收入后，首先需要支付生产成本和运营费用，以确保持续经营。只有在满足这些必要支出后，剩余的资金才能用于偿还债务。

上面的例子中，企业获得 3000 元销售收入，但为了持续经营，需要留出 2000 元用于下个阶段的生产经营（假设经营周期为一年），600 元用于销售和管理费用，剩余的 400 元中只有 100 元可用于偿还利息。某些情况下，企业可能通过压缩经营周期来腾出更多资金用于偿债，例如加快生产流程，减少原材料储备。将经营周期从 12 个月缩短至 11.4 个月，从而将下个生产周期的资金需求从 2000 元压缩至 1900 元，腾出 100 元用于偿还银行利息。此外，企业还可以压缩费用，将管理费用或销售费用在收入中的占比，从之前的 10% 下降至 6.67%，从而将 300 元的费用支出压缩至约 200 元，额外腾出约 100 元用于支付银行利息。然而，这些调整通常不具备可持续性。经营周期与主流技术密切相关，如果没有连续的重大技术突破，企业很难持续压缩经营周期。同时，持续压缩费用可能导致企业在市场推广、研发和管理效率方面投入不足，进而削弱企业的竞争力。因此，持续经营的前提下，营业收入不能直接作为衡量偿债能力的指标。

最终大部分信贷经理会指向一个答案：营业利润才是利润表中最适合用于评价偿还利息能力的指标。因为营业利润反映了企业常规经营活动的盈利能力，具有可持续性和稳定性。其可持续性和稳定性主要体现在以下两个方面：

排除营业外收支的不稳定性：营业利润仅包含常规营业活动的收入和支出，排除了营业外收支的影响。营业外收支（如资产出售和非经常性损失）可能常年存在，但金额和性质非常不稳定，因此不具备可持续性。营业利润更能反映企业核心业务的盈利能力。

优先保障可持续发展的必要开支：营业利润是在营业收入中优先扣除生产成本、销售费用和管理费用等必要开支后剩余的利润。这些必要开支（如必要的库存补充和运营费用）是企业持续经营的基础，因此营业利润反映了企业在保障可持续发展前提下的盈利能力。

不过需要注意的是，营业利润是扣除财务费用后的数值，因此在评估偿债能力时，需要将财务费用加回，得到息税前利润（EBIT）。EBIT 的计算公式为：

$$EBIT = 营业利润 + 财务费用$$

如果不加回财务费用，直接用营业利润来评价偿还利息的能力，会导致逻辑上的矛盾。因为营业利润已经扣除了财务费用，是企业在支付利息后的剩余利润。如果直接用营业利润来评价偿还利息的能力，相当于用"偿还利息后的剩余利润"来评价"偿还利息的能力"，这在逻辑上是无法成立的。

因此，EBIT 才真正是企业偿还利息的能力评价指标。

上面的例子中，企业的营业利润为 300 元，财务费用为 100 元，则 EBIT 为 400 元。EBIT 反映了企业常规经营活动的盈利能力，具有可持续性。如果 EBIT 能够稳定覆盖利息费用，企业的偿债能力较强。

分析利润表的核心，就是分析并评价未来 EBIT 的可持续性和稳定性。EBIT 的可持续性和稳定性取决于多个因素，包括营业收入的增长潜力、控制营业成本的能力、费用的优化空间等。接下来，将对这些影响 EBIT 的关键要素逐一进行分析。

6.3.3 利润表项目的逐项分析

营业收入

营业收入是企业将产品交给客户后，客户支付给企业的对价。从偿债能力的视角来看，债权人希望销售收入具有稳定性，并在未来市场更好的前提下，销售收入能继续增长。对销售收入的分析和探讨分为以下三个方面：

客户集中度与购买能力的综合评估

企业的重点客户是支撑其销售收入的核心群体，其稳定性和质量直接影响企业的经营和发展潜力。一个常用来分析客户结构的工具是集中度分析。客户集中度越高，销售收入越不稳定，风险越大。客户集中度越低，销售收入越稳定，风险越小。例如：

- 如果最大销售客户在销售收入中占比 80%，意味着如果第二年失去这个客户，会导致销售收入下降 80%。
- 如果前 10 名客户在销售收入中累计占比 10%，则说明即使全部失去这些客户，销售收入也只会下降 10%。

案例：某制造业企业的客户集中度分析

从表 6-2 可以看出，该企业客户集中度较高，前三大客户占比达 80%，存在较大的销售收入波动风险。

表 6-2 客户集中度

客户名称	销售收入占比	累计占比
客户 A	40%	40%

（续）

客户名称	销售收入占比	累计占比
客户 B	30%	70%
客户 C	10%	80%
其他客户	20%	100%

高集中度的客户结构虽然可能带来大订单，但也意味着企业对其依赖性较强，一旦客户流失，将对企业经营造成重大影响。而低集中度客户结构虽然分散了风险，但也意味着企业可能缺乏实力雄厚客户的强力支持，在产能扩张或市场竞争加剧时可能面临需求不足的问题。所以，对于高集中度客户结构，企业需建立风险分散机制，例如开拓新客户或多元化产品线。而对于低集中度客户结构，企业需评估自身是否具备足够的客户资源，特别是在产能扩张或市场竞争加剧时。

集中度分析阐述了客户结构对销售收入稳定性的影响，但仅靠集中度分析还不足以全面评估客户的质量和潜力。为了更深入地判断重点客户是否有能力稳定需求，以及是否有增长需求的可能，还需从多个维度进行深入分析，具体可以从以下几个方面展开：

合作历史和关系：评估与重点客户的合作历史，包括合作年限、合作模式及问题解决能力，长期稳定的合作关系意味着客户对企业的信任度较高，未来合作的可能性更大。

采购历史和频次：分析重点客户的历史采购记录，包括采购量、采购频次和采购周期。高频次、稳定的采购行为显示了客户对产品的持续需求，有助于企业预测未来的销售收入。

客户反馈和满意度：通过调查和反馈，了解重点客户对产品和服务的满意度。高满意度通常意味着客户对品牌的忠诚度较高,未来可能带来更多的复购和推荐。

市场地位和声誉:研究重点客户在其所在行业中的地位,包括市场份额、品牌影响力和行业声誉。实力雄厚的客户通常具有较强的市场竞争力,能够为企业提供稳定的订单支持。

财务状况:评估重点客户的财务健康状况,包括资产负债表、利润表和现金流量表。财务状况良好的客户,通常具有较强的支付能力和合作稳定性。

潜力和发展趋势:评估重点客户的增长潜力和发展趋势,包括市场扩张计划、新产品开发和技术创新等。具有增长潜力的客户,可能在未来带来更多的订单和合作机会。

为了更具体地说明如何通过多维度分析评估客户质量,这里以某电子企业的前五大客户为例进行分析。这些客户均为全球知名科技企业,合作历史超过 5 年,采购频次高且稳定。通过分析发现:

客户 A(符合条件的是客户 A):市场份额占全球 30%,财务状况稳健,未来计划扩大采购规模。

客户 A 的分析

市场地位和声誉:客户 A 在全球市场占据 30% 的份额,表明它具有较强的市场影响力和竞争力。

财务状况:客户 A 的财务状况稳健,能够为企业提供长期稳定的订单支持。

潜力和发展趋势:客户 A 计划扩大采购规模,为企业带来更多的销售收入和合作机会。

价值创造的可持续性评估

客户对企业的感知往往基于其满足需求的方式——是价格实惠，还是品质独特。在满足客户需求的过程中，企业通过两种基本方式为客户创造价值：低成本、差异化。低成本的方式通过提供价格实惠的产品或服务，吸引对价格敏感的客户。而差异化的方式则通过独特的产品设计或优质服务，满足客户对品质或个性化的需求。无论是低成本还是差异化，都需评估企业是否有能力保持这种方式。对于低成本方式，评估重点在于企业是否能够维持低成本生产，以及是否有进一步降低成本的潜力。对于差异化方式，评估重点则在于企业是否能够持续创新，以及是否有进一步提升差异化的潜力。通过分析企业满足客户需求的方式，可以更好地理解其服务客户的能力，并评估这种能力的可持续性。

竞争优势的可持续性评估

值得注意的是，客户对企业的感知不仅取决于其价值创造的方式，还取决于企业能否在与竞争对手的较量中脱颖而出，从而占领客户心智并获得可持续发展的机会。但并非所有同行业企业都是竞争对手，只有与借款企业处于同一战略群组的企业（即采用相同竞争策略的企业）才是需要对比分析的对象。在与竞争对手对比分析时，要明确以下问题：如果借款企业存在优势，这些优势是什么？如何保持这些优势？如果借款企业存在劣势，是否可以扭转？企业是否具备扭转劣势的条件？通过对比分析，可以进一步明确企业营业收入的稳定性及其未来的增长潜力。例如，如果借款企业在成本控制上具有竞争优势，须评估其是否能够应对竞争对手的挑战，持续保持低成本竞争力。如果借款企业在差异化能力上具有竞争优势，须评估其是否能够应对竞争对手的挑战，持续创新以保持差异化。

营业成本

营业成本作为除营业收入外对息税前利润有关键影响的报表项目，其稳定性及变化趋势对企业的经营成果具有重大意义。营业成本是存货销售后结转形成的，产品未售出时以存货形式存在，一旦售出，存货的账面价值便结转为营业成本。

以制造业为例，产品生产成本为1000元，以1500元的价格销售，销售方式为赊销，会计分录为：

借：主营业务成本　　　　1000
　　贷：库存商品　　　　　1000
借：应收账款　　　　　　1500
　　贷：主营业务收入　　　1500

这样一来，对营业成本的分析便追溯到对存货结构的分析，包括存货的类型、形成过程、稳定性，以及存货结转为营业成本的方式，从而探究其结转方式的本质。

存货生产成本稳定性分析

（1）变动成本。

变动成本主要涵盖原材料采购成本、人工成本等关键要素。原材料采购成本的稳定性与供应商议价能力紧密相关。若供应商议价能力强，则可能通过抬高价格的方式增加企业的采购成本（具体可参考产业分析部分）。反之，企业则更有能力稳定采购成本。同时，市场波动对原材料价格的影响不容小觑，尤其是大宗原材料（如铜）。金融资本介入期货市场引发的价格波动极易传导至现货价格，使得原材料采购成本充满不确定性。如果原材料价格大幅上涨，而企业没有提前采取风险管理手段，企业的财务业绩会突然反转，使得偿债能力不足。这类借款企业的授信，必须考虑其是否有能力化解原材料价格上涨的风险，例如在期货等衍生品市场上进行风险对冲，化解原材料价格上涨风险。或者企业在产业链上有足够的议价能力，能够通过产品涨价将原材料价格上涨的风险转移给下游客户。

在生产技术稳定的情况下，原材料的消耗量一般能够维持相对稳定的状态。在人工成本方面，若没有相关政策要求提升工人工资，其成本通常也较为平稳。

（2）固定成本。

当固定成本在总成本中占据较高比例时，随着产品生产数量的增加，单位固定成本会迅速降低。这意味着单位产品的成本也会随之下降，进而在产品销售时，存货结转的营业成本相应减少，从而有效提高营业毛利率。例如，某企业固定成本为10 000元，生产产品100件，此时单位产品的固定成本为100元（=10 000元÷100件）。当产量增加到200件时，单位产品的固定成本降为50元（=10 000元÷200件）。随着产量增加，单位产品的存货成本随之下降。这种情况下，息税前利润明显增加，偿债能力也得以增强。这充分体现了规模效应带来的好处。但在此过程中，需要警惕一种潜在风险：企业可能在没有明显销量增长的情况下，仅仅通过大量增加产量来降低单位产品的账面价值，以此降低营业成本并提高毛利润。

例如，假设生产产品的成本仅考虑固定成本，固定成本总额为 10 000 元。每件产品售价设定为 100 元，共销售 100 件产品。在生产 100 件产品时，单位成本（即单位存货的价值）为 10 000 元 ÷ 100 件 = 100 元，营业成本为 100 元 × 100 件 = 10 000 元，而此时的营业收入为 100 元 × 100 件 = 10 000 元，营业毛利率为 (10 000 元 − 10 000 元) ÷ 10 000 元 × 100% = 0。企业在没有销量增长的条件下，大量增加产量，如生产了 500 件。此时单位成本（即单位存货的价值）降至 10 000 元 ÷ 500 件 = 20 元，由于销售量仍为 100 件，营业成本为 20 元 × 100 件 = 2000 元，营业收入依旧是 100 元 × 100 件 = 10 000 元，营业毛利率为 (10 000 元 − 2000 元) ÷ 10 000 元 × 100% = 80%。需要关注的是，虽然营业成本从 10 000 元下降到 2000 元，但 8000 元的成本隐藏在尚未实现销售的存货里。如果产品不能及时销售，这些存货很可能会计提减值。8000 元的资产最后一文不值，导致计提减值当年利润损失 8000 元，实际偿债能力会变得糟糕，而不是变得更好。这种做法表面上提升了息税前利润和偿债能力，但实际上可能潜藏着偿债能力受损的隐患，因此信贷经理需要对企业的此类风险保持高度警觉。

存货结转对营业成本的影响

存货的发出方式，也会对营业成本产生重要影响。存货发出有三种计价方法：先进先出法、后进先出法和加权平均法。先进先出法假设先购入的存货先发出，后进先出法假设后购入的存货先发出，加权平均法则是根据期初存货和本期购入存货的成本，计算加权平均单价，以此确认营业成本。我国不允许使用后进先出法，主要是为了与国际财务报告准则（IFRS）趋同（IFRS明确禁止后进先出法），提高财务报表可比性，并防止利润操纵。后进先出法在通货膨胀下会推高销售成本、压低利润，企业可能通过操控存货采购或销售时点影响利润，损害财务信息的可靠性。

需要注意的是，在通货膨胀下，采用先进先出法会导致较早购入的低成本存货先发出，从而降低销售成本、提高利润，导致税负增加。然而，随着低成本存货逐渐耗尽，后续年度的销售成本将显著上升，毛利润和利润率可能呈现下降趋势。而使用加权平均法时，通货膨胀的影响会被分摊到所有存货中，因此营业成本的波动相对较小，利润和税负的变化也更为平稳。

存货跌价准备对营业成本的影响

存货价值确定后，须根据市场变化进行价值调整。存货在市场上跌价时，须计算存货的可变现净值——存货销售实现的价值减去必要费用后的净值。存货账面价值与可变现净值比较，采用孰低法计量。计提跌价准备时，存货价值下降，账面价值相应减少。结转存货成本时以账面价值结转，实际营业成本相应降低，毛利润提高。例如，产品生产成本为1000元，计提100元存货跌价准备后，存货的账面价值变为900元。假设销售收入为1500元，结转成本900元，毛利润为600元，大于没有计提跌价准备的500元。虽然计提跌价准备增加了100元的毛利润，但跌价准备的计提同样影响了营业利润，通过计入资产减值损失，减少营业利润100元。

借：资产减值损失　　　　100
　　贷：存货跌价准备　　100

所以，计提跌价准备和产品销售如果发生在同一年度，对总的营业利润是没有影响的。假设不考虑其他费用项目，对比如表 6-3 所示：

表 6-3　存货跌价准备对营业利润的影响　　　　　　（单位：元）

存货	存货跌价准备	营业成本	营业收入	毛利润	资产减值损失	营业利润
1000	—	1000	1500	500	0	500
1000	100	900	1500	600	100	500

费用

生产成本是产品生产过程中的所有直接耗费，这些成本最终会进入存货的账面价值。而费用是企业在运营过程中发生的、不直接归属于产品生产的支出。企业作为一个组织机构，为了支撑产品生产并顺利销售，必须维持一个运营平台，而费用就是这个平台的支出，包括销售费用、管理费用、财务费用等。这些费用是企业为了维持日常运营和销售产品而必须支付的，通常不会直接形成具体的资产，而是在发生时计入当期损益。

举例说明： 在餐厅中，食材的采购和厨师的工资是与菜品生产直接相关的支出，因此被归类为生产成本。这些支出最终会随着餐厅销售菜品，反映在营业成本中。而在企业内部的职工食堂中，同样的支出则被归类为管理费用，因为职工食堂的餐饮服务并不是为了销售盈利，而是为了支持企业的日常运营，属于企业管理活动的支持性支出。如果内部食堂不仅为员工服务，还为外部客户提供餐饮服务（如企业接待客户），那么与客户服务相关的厨师工资和菜品支出通常被归类为销售费用，因为这部分支出直接与销售活动相关，属于企业为促进销售而发生的费用。通过这样的类比，可以更清楚地理解费用和生产成本的区别。

在分析费用是否稳定时，需考虑固定费用与变动费用：固定费用（如管理部门办公场所折旧、人员固定薪酬等）固定性较强，而变动费用（如人员薪资中的奖金和提成、运输费用等）变动性较强。此外，市场环境和经济环境、企业内部管理等因素也会影响费用的稳定性。但大部分费用要素与企业的规模相关，且费用在销售收入中的占比通常不高，因此费用分析可参考历史比率。

销售费用

上市企业销售费用在销售收入中的占比约为6%，不过，不同行业在销售费用上有着明显的差异，有时候需要专门考虑其占比。例如，医药行业销售渠道费用支出占比较高，因为医药产品销售依赖于销售渠道的支持。互联网行业中，线上销售渠道的费用支出占比较高，这类行业通常需要将大量资金用于渠道推广。大众消费品，则是广告支出占比较高，该行业需要投放大量的广告来唤醒消费者需求。

管理费用

管理费用涵盖了一线生产部门和销售部门之外的其他部门，即管理部门的支出。如果是自有资产，对资产占用产生的折旧费用属于管理费用。如果资产是租用的，那么对应的租金属于管理费用。管理人员工资属于管理费用，需要强调的是，财务人员的工资也属于管理费用，因为财务部门属于管理部门，所以财务人员工资不能计入财务费用，而应计入管理费用。除了人员工资和资产占用之外，差旅费、培训费等也都属于管理费用。管理费用在收入中的占比是比较稳定的，上市企业管理费用在收入中的占比大约是 10%。管理费用中有一个重要的内容——研发支出，但不同行业的研发支出水平不一样。例如在医药行业，研发支出较高，使得管理费用在收入中的占比能达到 20%，远远超过上市企业管理费用在收入中的占比 10%。

最后，需要注意的是，评价费用的稳定性时，还要考虑企业未来的经营规划及相关政策。如果未来的经营有新的销售激励政策，那么销售费用会有较大的改变。如果企业的管理架构有较大调整，管理费用则很可能有较大变化。在没有太大政策调整的情况下，销售费用和管理费用对未来息税前利润的影响是比较稳定的。

其他项目

其他项目包括资产减值、公允价值变动和投资收益，资产减值和公允价值变动都不属于企业能够控制的范围，投资收益大多数时候不是企业的主要经营内容。从息税前利润的角度，以上项目不予太多关注，除非企业资产价值出现持续波动，或者出于经营规划的原因在投资方向上有持续的调整。

6.3.4　偿债能力分析：利息倍数

根据上述的逻辑计算出息税前利润（EBIT），然后将其除以需要支付的银行利息，就得到利息倍数。

从偿债能力角度来看，利息倍数越高，对债权人的保护能力越强。不同的经营状况下，想要判断利息倍数的水平是否理想，需要具体问题具体分析。一般来讲，有几个关键的数值值得重点关注。

利息倍数等于1，意味着企业的经营成果在偿还完银行利息后无剩余。这是一种较差的状况，表明企业的偿债能力较弱，原因在于息税前利润刚好等于利息费用，企业没有额外利润用于缓冲经营过程中的波动。一旦市场环境发生变化，如产品销售价格下降、原材料成本上升等，息税前利润减少，企业就无法足额支付利息。

当利息倍数等于利率的倒数时，通常认为企业有充足的利息保障能力。以借款利率10%为例，其倒数为10。之所以这样认为，是因为利息倍数为10意味着企业息税前利润是利息费用的10倍。这表明企业盈利能力较强，企业的息税前利润不仅能够支付利息，甚至几乎能够直接偿还债务本金，大大降低了债权人的风险。

然而，对于不同行业，利息倍数的合理范围会有所不同。一些资本密集型行业，如制造业、重化工业等，由于资产规模大、债务负担重，通常需要较高的利息倍数来保障偿债能力。这是因为这些行业在运营过程中，面临较高的固定成本，这导致了更高的经营风险，需要用较高的息税前利润来确保债务利息的支付。

而一些轻资产行业，如服务业、科技行业等，相对较低的利息倍数可能也能满足其偿债要求。这是因为轻资产行业的经营杠杆相对较小，资产结构相对灵活。同时，这些行业在市场竞争中具有较强的灵活性和创新性，能够快速调整业务方向和产品结构，以适应市场变化。相对较低的息税前利润，就可以满足其利息支出。

总之，利息倍数是评估企业偿债能力的重要指标，但在实际应用中，需结合行业特点、企业经营状况等因素进行综合分析，准确判断企业的偿债能力和对债权人的保护程度。

6.4 偿债比率分析之资产负债表分析

资产负债表分析中，假设七（财务真实的假设）是基础，确保资产和负债的真实性。而假设八（财务可靠的假设）则进一步评估资产在未来经营中的变现能力和保值性。

借款企业债务到期时，本金偿还依赖于存量资产。然而，这些存量资产能否足额偿还到期债务的本金，首先取决于资产是否真实，负债是否被隐瞒，这涉及假设七——财务真实的假设。在 6.1.1 节风险导向型审查方法中，提到过如何通过逆查对虚增资产进行风险排查。这是一种较为宏观的方法，帮助信贷经理快速剔除虚增资产的风险。在资产负债表的深入分析中，则需要针对具体的报表项目逐个分析，评价其是否真实。在确保资产真实的基础上，还需评估这些资产未来能否转化为不低于账面价值的货币资金。若能实现，说明偿债能力有保障。否则，偿债能力将面临重大挑战。因此，接下来对资产负债表的深入分析不仅涉及假设七——财务真实的假设（即资产和负债的真实性），还涉及假设八——财务可靠的假设（即资产未来能否转化为不低于其账面价值的货币资金）。

6.4.1 资产负债表的核心逻辑

当企业从银行获得贷款后，这笔资金会作为债务出现在企业资产负债表的负债端，同时在资产端形成相应的资产。这部分资产成为企业存量资产的一部分，用于企业的生产经营活动。企业使用这些资产生产产品并销售，进而获得收入。在利润表中，首先要留出收入中的部分资金用于继续生产产品，形成存量资产，剩余的部分扣除销售费用、管理费用、财务费用以及所得税后，得到净利润。净利润不分配的情况下，会增加企业的留存收益。这部分增加的留存收益形成新的存量资产，继续通过销售转化为流量收入，重复上述步骤进入资产负债表形成循环。企业每年用生产经营活动产生的流量（息税前利润）来偿还银行贷款利息，直到贷款到期。贷款到期后，存量资产不再通过销售转化进入循环，而是直接变现用来偿还债务本金。

👆 举例说明

假设一家企业从银行借入5000万元资金，期限一年。这5000万元在企业的资产负债表上体现为负债，同时在资产端形成5000万元的存量资产。企业利用这5000万元资产进行生产和销售，假设其经营周期为一年，即从采购原材料到生产、销售并收回资金的完整周期为一年。在这一年的周期内，企业通过生产和销售活动，产生流量收入6000万元。

在利润表中，企业6000万元的收入首先要拿出5000万元，用于下一期产品的生产和销售（即用于下一个周期的原材料采购、生产等）。剩余1000万元的毛利润减去300万元的管理费用和销售费用后，得到息税前利润为700万元，再减去300万元的财务费用（支付给银行的利息），得到营业利润为400万元。经过营业外收入和支出的调整，并支付所得税后，得到净利润为300万元。如果企业决定不分红，300万元的净利润会增加企业的留存收益，体现在所有者权益中，对应成为企业的存量资产。

在这一年的经营期间，企业用700万元的流量（息税前利润）来偿还银行的利息，直到贷款到期。在贷款到期时点，企业用积累的存量资产 5300 万元来偿还 5000 万元的负债。

所以，从偿债能力的角度，评价资产需从以下两个方面入手：

真实性：存量资产是否真实存在。

保值性：资产能否转化为不低于其账面价值的货币资金，用以偿还债务本金。

在深入理解资产与负债的匹配逻辑后，可以清晰地看到，资产负债表不仅是企业财务状况的静态反映，更是资金流动和风险管理的动态工具。为了更全面地评估企业的偿债能力和风险状况，接下来将逐一分析资产负债表中的关键项目。通过对关键项目的深入剖析，信贷经理可以更准确地判断企业资产的真实性、保值性以及负债的偿还优先级，从而为信贷决策提供坚实的依据。

6.4.2 资产负债表的逐项分析

首先从资产端开始，依次分析货币资金、应收账款、其他应收款、存货等关键项目，重点关注其真实性和保值性。随后转向负债端，评估银行借款、应付账款等项目的偿还优先级。最后探讨权益端的构成及其对债权人的保护作用。通过这一系列的分析，信贷经理能够全面掌握企业的财务状况，识别潜在风险，并制定科学的风险应对策略。

资产端分析

货币资金

货币资金是企业流动性最强的资产，包括银行存款和库存现金。货币资金本身具有保值性，因为它本身就是现金，能够以确定的金额随时用于支付或偿还债务，不存在价值波动的风险。所以，仅对货币资金的真实性进行评价。在评估其真实性时，需重点关注以下两个方面：

银行存款：通常由银行出具证明，真实性较高，但仍需关注其真实性。近年来，就爆出过银行存款证明造假的事情。银行对账单和网银记录能够实时反映企业的现金流动情况，是验证银行存款真实性的重要工具。

库存现金：需通过现场盘点核查，避免"白条抵库"等虚假现象。白条抵库是指企业或个人在没有正式财务凭证的情况下，仅凭一纸白条（即非正式借条或收据）进行现金支出或资产转移的行为。这种行为可能导致账面资金与实际库存现金不符，形成虚假的货币资金。

若发现虚假货币资金，需核销虚假资产并调整所有者权益，以保障资产负债表的准确性。在信贷报告中，货币资金的真实性和充足性是评估企业短期偿债能力的重要指标，信贷经理应结合网银记录、银行对账单、现金盘点记录等原始凭证，全面核查货币资金的实际状况。

应收账款

应收账款是企业销售产品给客户，获得的未来收款的一项权利。在倡导客户是"上帝"的当下，企业没有赊销是不现实的。所以，对很多企业来说，应收账款是流动资产中重要的资产类型。应收账款是否真实的验证逻辑，见6.1.2节经营逻辑与财务逻辑的匹配审查。简单来说，产品的销售过程中，应收账款的形成有一定的稳定性，通常赊销金额较大的主要客户，大都是合作期限较长的老客户，过往多期的销售中赊销期限和付款条件都是比较稳定的。客户结构不变，市场情况没有太大变化的前提下，计算应收账款周转率或者周转天数这样的指标，与历史比率进行对比分析，再与销售部门相关人员沟通，了解相关赊销政策及其变化，就能大致判断应收账款的真实性。如果新增客户比较多，通常新增客户的赊销政策会比较严格，余额占比不应该很高；应收期限也会较短，追踪几笔应收账款到回款日就能够验证其真实性。在真实的基础上看应收账款是否保值，以下几类方法常常被用来分析应收账款是否保值：

账龄分析：账龄分析法是一种应收账款风险评估的方法，主要依据应收账款的账龄来判断其回收的可能性。应收账款的账龄越长，其保值性越低。日常会计处理中，账龄越长需计提的坏账准备金越多。3年以上的应收账款，通常需要全额计提坏账准备。也就是说，超过3年的应收账款，即使真实存在，从偿还银行借款的角度来看，也不作为还款来源。但账龄多长会不保值，要结合行业和地区差异性来综合判断，例如制造业的合理账龄应该比建筑施工业的合理账龄要短，经济发达地区的合理账龄应该比不发达地区的合理账龄要短。此外，信贷期限的长短也会影响应收账款的质量评价。债务到期日前还不能收回的应收账款，其债务保障能力显然是有问题的，除非该应收账款有良好的流动性，能够迅速出手转让。

客户信用等级：客户的信用等级越高，应收账款的质量就越好，这是因为高信用等级客户的违约风险小。举例来说，3A级企业的应收账款质量优于3B级企业。如果两个客户的信用等级相同，那么与借款企业合作时间更长的客户，其应收账款质量要优于合作时间较短的客户。

客户集中度：客户的集中度对应收账款的质量也会产生影响，集中度高，意味着个别重要客户违约时，会有大量应收账款收不回来。这种情况下，企业的损失会很大，用来偿还借款本金的资产会减少。反之，如果集中度低，意味着没有重要客户，单一客户违约对企业偿债能力影响小。除非出现大面积客户违约，否则不会造成应收账款的重大损失。

其他应收款

其他应收款也是一项收款权利，但与应收账款不同。应收账款产生于产品销售，即销售产品或提供劳务后未收到现金，从而获得未来向客户收款的权利。而其他应收款虽然也是一项收款的权利，但该权利不是针对客户的，因为这项权利不是产生于产品销售。例如，员工出差向企业借的备用金，即为其他应收款。由于性质属于借款，企业未来就有权向借款员工收回这笔款项。当然，其他应收款收回的可以是现金，也可以是发票凭证。如果其他应收款是备用金这类原因产生的，通常只能得到发票冲账。将来会计上会作为一项费用或者营业外支出，转入利润表。这样的其他应收款，不能作为偿还银行借款本金的资金来源，直接调整出表即可。一般来说，备用金这类其他应收款金额较小。但在撰写信贷报告时，信贷经理可能会遇到其他应收款金额很大的情况。这样的情况通常有两种可能，一是来源于企业主和朋友之间的关联借款。这类关联借款不是企业常规经营业务形成的，因此在经营上很难找到线索去验证其真实性。如果必须验证，可以结合审计思路，从账到证来完成真实性认定［检查法律文本、现金流（如银行对账单）等原始凭证］。关联借款形成的其他应收款是否保值，即该类其他应收款是否能够全额变现，分析思路和应收账款类似。首先是账龄分析，对于借出去尚未收回的其他应收款，账龄越长，收回的可能性越小。然后是信用评价，交易对手的信用等级越高，其他应收款收回的可能性则越大，反之则越小。最后是合作期限，因长期合作伙伴形成的其他应收款，收回的可能性较大，反之则较小。

二是来源于集团内部关联交易。例如，一个集团内有很多分支机构，且分支机构发展不均衡，有的分支机构发展缓慢，存在资金短缺问题，有的分支机构发展迅速，形成资金剩余。在各自的报表上，发展良好的分支机构会有银行存款，而发展欠佳的分支机构则有较多银行借款。但到了集团层面，合并报表中就会出现银行存款和银行贷款同时存在，且金额都较高的情况。由于银行存款利息低于银行借款利息，这种情况就会导致较高的财务费用，形成不合理的"三高现象"（存款高、借款高、财务费用高）。银行推荐的产品"资金池"可以解决"三高"问题，即通过"资金池"将不同分支机构的资金集中管理。站在集团的高度，对资金管理统一规划，避免了资金分散在不同分支机构。但实施"资金池"要求对企业的财务部门重新定位，涉及组织结构和运营流程的重大调整。在企业发展初期，分支机构需要较大权力进行灵活决策，"资金池"模式不太适合。这种情形下，集团层面可能会采取内部调剂方式来实现资金的调配。如下属 A 分支机构资金剩余，下属 B 分支机构资金短缺，集团将 A 分支机构的资金收拢到集团，A 分支机构记账其他应收款，集团则记账其他应付款，然后集团将资金调配给 B 分支机构，B 分支机构记账其他应付款，集团记账其他应收款。

信贷经理在审查集团或 A 分支机构的报表时，发现大量其他应收款，需从集团视角评估其真实性和保值性。首先，考察集团对分支机构的管理实践，例如资金调配制度，通过内部会议记录和银行流水核实资金调配的真实性。其次，分析集团整体财务状况和业务发展趋势，判断其他应收款是否保值。若集团整体财务稳健、业务发展良好，其他应收款通常能全额收回。反之，则存在回收风险，可能影响银行债务本金的偿还保障。

存货

存货的真实性评估包括两个方面：一是存货是否真实存在，二是存货是否真实归属于企业。存货的真实存在可以通过现场盘点来验证，而对于易于移动且单价较高的存货，还需结合查看原始凭证（如采购合同、发票、入库单等）来确认其归属。

在确保存货真实的前提下，如何核查存货是否保值呢？在 6.2.1 节财务的循环逻辑，阐述了企业生存的本质是盈利，而盈利的实现方式是交易。企业通过交付产品给客户并收取对价来获得收入。因此，持有存货的直接目的是通过交易创造收入。存货的市场需求越高，其创造收入的能力越强。为了衡量存货的保值能力，可以使用"收入除以存货"来计算存货的周转效率。存货的周转效率越高，表明存货的流动性越好，存货越畅销，保值能力越强。当然，必须确保销售收入是真实的。

有时，存货的周转效率出现大幅下降，可能是由于年末存货大量增加。管理层的解释可能是预期市场需求大幅增加，或预期原材料价格大幅上升，因此提前囤货。这种解释是否合理，可以通过分析存货结构的变化来验证。如果存货增加是主动行为，通常增加的是原材料。如果大幅增加的是产成品，除非是订单式生产，否则大概率意味着存货积压，存在贬值的风险。

预付账款

预付账款同样是一种权利资产，但与应收账款和其他应收款不同，预付账款对应的权利，不是收取现金，而是收取原材料形式的存货。要判断预付账款是否真实，可以采取两种思路：

查看相关凭证（包括合同、银行流水、上期预付账款支付后收到货物的凭证等），从企业的物流、现金流和信息流三个角度，验证预付账款的真实性。

计算预付账款周转率，并与采购部门沟通了解预付账款的结算周期，对比预付账款周转天数与结算周期，看两者是否一致。详细描述见 6.1.2 节经营逻辑与财务逻辑的匹配审查。

预付账款是否保值的判断思路与应收账款类似，主要考虑以下几个因素：

账期长度：账期长，意味着付款后长时间未收到货物，这降低了收到货物的可能性，从而影响预付账款的保值性。相反，账期短且历史付款记录显示能迅速收到货物，预付账款的保值性则较强。

供应商信用等级：供应商的信用等级高，表示其履约能力强，预付账款保值性较强。若供应商信用等级低，存在违约风险，预付账款的保值性降低。

合作期限：与供应商的合作期限越长，其稳定履约的可能性越大，预付账款的保值性越强。与供应商的合作期限短，则预付账款的保值性降低。

综上所述，预付账款的保值性取决于账期长度、供应商信用等级以及合作期限这三个因素。

固定资产

固定资产是指为了生产产品、提供劳务、出租或经营管理而持有，且使用寿命超过一个会计年度的资产。常见的固定资产包括设备、厂房、汽车、电脑等价值较高的资产。评估固定资产是否真实同样包括两个方面，真实存在，以及真实属于企业。是否真实存在可以通过现场观察来验证，是否真实属于企业则可以通过检查原始凭证来确认。而评估固定资产是否保值，要区分通用类固定资产和非通用类固定资产。汽车、电脑、厂房这样一些通用类固定资产的价值比较稳定。通用类固定资产是否保值与企业本身的经营关系不大，例如厂房的价值和所处地理位置更为相关。所以，固定资产是否保值的评价难点在于非通用类固定资产。例如设备，主要是看生产经营是否正常，产能有没有闲置。产能闲置的设备通常是不保值的，这也是闲置的设备同样需要计提折旧的原因。但相比经济折旧，技术折旧（也就是技术发展使得原有设备价值下降）对设备价值的影响更大，信贷经理需要给予更多关注。

即使设备产能没有闲置，也不代表设备价值完全得到保证。关键在于观察产成品，即存货的销售是否正常。如果产品销售不正常，意味着存货未来可能会积压。存货积压可能导致其需要计提跌价准备，这同样也会影响到产能利用率。也就是说，未来存货积压的风险可能导致产能闲置，进而使得设备价值受损。

无形资产

无形资产主要包括专利权、非专利技术、商标权、著作权、土地使用权和特许权等。由于无形资产没有实物形态，无法通过现场观察来核实其真实性。确认无形资产真实性要通过检查相关原始凭证，例如针对土地使用权检查使用权证，针对专利检查专利证书等。此外，无形资产的价值评估较为困难，因为大部分无形资产是非标准化的，与企业当前的经营状况紧密相关，且时效性强。另外，无形资产存在通过关联交易造假的现象，这增加了评估的复杂性。

不过，有两种无形资产存在特殊性，需要特别对待。一是土地使用权。由于个人和企业只能获得土地使用权而非所有权，因此土地使用权被视为无形资产。由于土地使用权的通用性强，价值相对容易确定且稳定，通常被认为是保值的无形资产。

二是专利权，专利权分为自建和外购两种。自建专利权的研发成本高且不确定性大，只有当专利在实验室研发成功，开始准备市场化生产并满足一系列条件时，相关支出才能资本化，计入无形资产。因此，自建专利权在资产负债表上的价值通常远低于市场价值，是一种被低估的资产。特别是医药企业和高科技企业，它们的自建专利权在账面上的价值较低，但实际上可能带来巨大的经济收益。外购专利权则是按照购买价记录的，其购入价格完全体现在账面价值中。然而，正如前文所述，无形资产的购买存在关联交易造假的情况，专利权正是其中的典型代表。外购专利权的价值评估较为复杂，通常需要依赖专业机构来完成。为了剔除潜在风险，有的信贷经理甚至会直接剔除外购专利权资产，以确保财务报表的可靠性。

长期股权投资

长期股权投资与无形资产类似，均为没有实物形态的资产。核查该类资产的真实性主要依赖相关原始凭证，例如法律协议、投资协议以及银行流水等。对于长期股权投资是否保值，则需要根据具体情况来判断。长期股权投资的计价方式主要有两种：成本法和权益法。成本法是指，长期股权投资以初始投资成本入账，不随被投资单位权益的增减而调整。权益法是指，投资方根据其在被投资单位所占的份额，对长期股权投资的账面价值进行调整。这两种方法的会计处理不同，但均不直接反映被投资单位的真实价值。长期股权投资真正有说服力的评估方法是现值法，即对被投资单位未来现金流进行折现的方法。这种方法充分考虑了现金的时间价值和风险。然而，现值法的应用较为复杂，需要对未来现金流进行预测，并合理选择折现率等因素。如果投资金额很大，需要重点确认，可以采用现值法，以确定价值。如果投资金额较小，可能不需要运用这么繁琐的估值方法。一般来说，成本法对价值的评估更保守，保值的属性更强。权益法要根据被投资单位净资产的变化，调整长期股权投资的账面价值，而虚增资产是所有企业均存在的风险，被投资单位也不例外。所以，权益法下，长期股权投资保值的属性较弱。

长期待摊费用

长期待摊费用包括预付租金、广告费、开办费和租入固定资产的大修理费用等。这些费用通常一次性支付金额较大，且会对企业未来多年产生影响。虽然长期待摊费用是一个资产科目，但实际上并不具备资产的属性。尤其是从偿债角度来看，资产应该能够转化为现金以偿还债务，但长期待摊费用本质上是费用，是一种耗费。一旦支出，价值就从企业流出，未来不会带来任何直接的现金流入。这笔费用之所以特殊，是因为它一次性支出金额较大，如果全部计入当期损益，会对当年利润产生显著影响。根据会计准则的匹配原则，费用应当与其产生的收益相匹配，因此这些支出需要在受益期内分期摊销。此外，税务局通常也会要求这类大额支出在税务上分期扣除，以避免企业通过一次性费用化来人为调节应纳税所得额。因此，无论是从会计处理的角度还是从税务合规的角度，这类支出都更适合在多个期间内分摊。正因如此，长期待摊费用以多年摊销的形式逐步费用化。从偿还债务的角度来看，长期待摊费用不具备用来偿还银行债务本金的资产属性。长期待摊费用不再予以考虑，也无须核查其真实性或评价其保值性。

负债端分析

资产 = 负债 + 所有者权益。

从资金流转的视角，右边的负债和所有者权益是资金的来源，而左边的资产是资金的运用。正常运营状态下，这个等式是必然成立的。在完成了资金的运用——资产端的学习后，接下来学习资金的来源——负债和所有者权益。

资产负债表的右边呈现了企业与主要利益相关者的关系。

- 银行作为利益相关者，通过短期借款来表示。
- 客户作为利益相关者，通过预收账款来表示。
- 供应商作为利益相关者，通过应付账款来表示。
- 员工作为利益相关者，通过应付职工薪酬来表示。
- 税务局作为利益相关者，通过应交税费来表示。
- 股权投资人作为利益相关者，通过所有者权益（如实收资本、资本公积、未分配利润等）来表示。

- 其他类型的利益相关者,通过其他应付款来表示。

简而言之,资产负债表不仅反映了企业的财务状况,还揭示了企业与各利益相关者之间的经济关系。从偿还银行债务本金的角度,负债端的分析可分为定性分析和定量分析两个方面。

定性分析

每个负债项目都代表了某类利益相关者对借款企业的一个索取权,信贷经理需要评价这些债权人的权利,确认哪些排在银行债务之前需要优先偿还,以及在什么情况下,这些债务会优先于银行债务进行偿还。

银行借款:除了信贷经理所在银行的借款,是否存在其他银行提供的借款?如果存在其他银行的借款,有怎样的借款条件、借款期限以及还款顺序?如果其他银行借款的还款期限在本行借款之后,那么本行借款的还款是有保障的。反之,若企业现金流不足,且存在优先偿还的其他银行债务,本行借款的归还则面临一定压力。这种情况在企业流动性紧张或经营状况不佳时尤为突出。

应付账款:企业从供应商处获得原材料却没有付款,就形成一项债务。这项债务在经营过程中不停滚动,金额是比较稳定的。只要企业与供应商之间的议价能力没有大的变化,市场供求关系没有大的波动,应付账款就不会对银行债务造成威胁。但是,一旦市场出现负面波动,导致供应商议价能力大幅提升,应付账款余额就会被压缩,进而对银行债务的还款保障造成影响。

其他应付款:其他应付款的形成可能有两个来源:关联借款和民间借贷。无论是关联借款还是民间借贷,从借款企业的角度来看,偿还其他应付款的优先级大多高于偿还银行债务。因此，针对其他应付款，信贷经理需要特别重视。

定量分析

风险导向审查，主要是针对风险点进行针对性审查。资产的风险是可能会虚增，债务的风险则是可能会隐瞒。这里的隐瞒，主要针对的是民间借贷。对于隐瞒的债务，在 6.1.1 节风险导向型审查方法中做过讨论，主要是通过权益检验来核查是否存在隐瞒债务的情况，并估算其具体金额，这里就不赘述了。

权益端分析

权益归属于股东，其形成来源主要有两种，分别是股东投入与企业留存，而股东投入又分为股本和资本公积。股本（有限责任公司称作实收资本）由原始股东投入形成，而资本公积则由后续股东溢价投入形成。在上市公司中，资本公积主要源于股票发行溢价。例如，原始股份价格为每股 1 元，公司发展后引入新股东 C。C 购买增发的股份时，价格变为每股 3 元，那么超出原始股价 1 元的部分，即每股 2 元就成为企业的资本公积。

需要注意的是，股本与资本公积存在差异，资本公积归全体股东共有。在上述例子里，新股东 C 花费的 3 元中，1 元对应股本，归属于 C，而超出股本部分的 2 元溢价，会计入资本公积，并由全体股东共有。各股东对这部分资本公积的所有权，依据各自在总股本中的占比确定。

企业留存又分为盈余公积与未分配利润。盈余公积是企业获利后法律不容许分配而必须留在企业支持其继续发展，但归属于所有股东的部分。而未分配利润是股东可以分配但选择不分配，而留在企业支持其继续发展的部分。未分配利润，同样属于所有股东。

股东权益作为债权人的保护垫，其数额越大，债权人的债务安全性越高。但股东权益的不同组成部分对债权人的意义不同：

股本：股本金额大意味着股东的实力可能比较强。在企业的偿债能力出现问题时，实力雄厚的股东是解决债务问题的重要表外资源。在分析这部分内容时，可以结合股东背景进行深入探讨，以了解股东对借款企业的意义。

资本公积：资本公积反映了后加入股东对企业未来前景的看法。后来的股权投资人越看好企业的未来，给予的股权购买溢价越高。高溢价对债权人，尤其是长期债务债权人，是一种保护。高溢价体现了投资人对企业未来经营能力和盈利潜力的信心，同时也反映了对企业管理团队决策能力和执行能力的认可。

未分配利润：未分配利润是企业历史上累积的利润，也是股东权益的一部分，对债权人同样具有保护作用。高比例、大金额的未分配利润，意味着企业过往出色的盈利能力，是良好战略执行力的表现。同时，这也表明现有股东对企业的未来发展有信心，愿意将利润用于支持企业持续成长，而非短期分红。

6.4.3 偿债能力分析：匹配原则与综合考量

偿债能力分析中，"存量配存量，流量配流量"是一个核心逻辑原则。存量指标（如流动比率、速动比率、资产负债率）用于衡量企业某一时点资产与负债的匹配情况，反映企业用存量资源覆盖存量债务的能力。而流量指标（如利息倍数）则用于评估企业一定时间内息税前利润与利息支出的匹配情况，反映企业用流量资源覆盖流量支出的能力。这一逻辑贯穿于整个财务分析过程，为信贷经理提供了科学的评估框架。

然而，偿债能力分析并非简单的比率计算，实际应用中需注意特殊情况的干扰。例如，存货积压可能导致流动比率虚高，表面上显示企业短期偿债能力较强，但实际上存货难以变现，反映出企业经营状况不佳。因此，在分析偿债能力时，需结合存货变现能力指标、周转率指标等进行综合评价，避免被单一比率误导。

6.5 偿债比率分析之现金流量表分析

现金流量表是一张时段报表，揭示的是企业在一段时间内现金流动的变化。对于许多信贷经理来说，阅读和分析现金流量表可能是最具挑战性的任务之一，因为它涵盖了企业的全部经济活动——从融资、投资到日常经营。然而，现金流量表的本质并不复杂，它就像小朋友记录压岁钱的"账本"：每年收到多少压岁钱（现金流入），花了多少钱（现金流出），最后剩下多少钱（现金净流量）。只不过，现金流量表比个人账本更加系统化，需要按照不同的活动类型（融资、投资、经营）进行分类，然后再分别记录每一类的现金流入和流出。

这种看似简单的"流水账"逻辑，实际上是企业财务管理的基础。正如小朋友通过记录压岁钱的收支来管理压岁钱一样，企业通过现金流量表来追踪和管理现金流动，确保现金的健康运转。接下来，将从融资、投资和经营活动三个方面，逐步拆解现金流量表的内容，帮助信贷经理掌握分析方法，并将其灵活运用于信贷报告的撰写中。

6.5.1 现金流量表的三项活动分类

融资活动[一]

融资活动现金流反映了企业从股东或债权人处获取现金的过程。

股东：企业从股东处获得现金，形成融资活动现金流入。只要企业能够正常运营，不倒闭，权益性质的融资是不需要偿还的。然而，如果企业赚了钱，有可能向股东分红，形成融资活动现金流出。

债权人：如果股东提供的资金不足，企业可从银行或债权人处获得借款，形成融资活动现金流入。与权益性融资不同，债务性融资需要定期付息，到期还本，本金和利息的偿还形成融资活动现金流出。

融资活动现金流的核心逻辑在于，企业通过外部融资获得现金流入，为后续的投资和经营活动奠定基础。

投资活动

企业获得现金后，下一步是将这些现金转换为长期资产，以支持未来的经营活动。投资活动现金流反映了企业购置长期资产的过程。根据企业的发展战略和风险偏好，投资活动可以分为三个层次：扩建产能、并购扩张和固定收益投资。

扩建产能：购置长期资产

企业最常见的投资活动是扩建产能，即购买土地使用权、厂

[一] 财政部的现金流量表模板中是"筹资活动"，本书为方便读者阅读，将该表述统一改为"融资活动"。

房、设备等长期资产。这类投资活动直接支持企业的日常运营和未来发展。

现金流出：购买土地使用权、厂房、设备等长期资产，形成投资活动现金流出。例如，一家制造企业需要购置生产线才能生产产品，一家零售企业需要购置仓库才能存储货物。

现金流入：如果企业不再需要某些长期资产，可以通过出售形成投资活动现金流入。例如，一家企业出售闲置的厂房或设备，可以获得现金流入。

扩建产能的核心逻辑在于，企业通过购置长期资产，为未来的经营活动奠定基础。这类投资活动是企业日常运营的一部分，是企业实现盈利的关键。

并购扩张：购买股权

如果企业希望通过快速扩张进入新市场或获取新技术，可以选择并购其他企业。这类投资活动通过购买股权实现。

现金流出：购买其他企业的股权，形成投资活动现金流出。例如，一家科技企业为了快速获取核心技术，通过收购股权直接拥有了一家企业。

现金流入：出售股权获取转让收益，或因长期持有股权而获得分红，形成投资活动现金流入。例如，一家企业出售其持有的子公司股权，可以获得现金流入。

并购扩张的核心逻辑在于，企业通过购买股权快速获取资源或市场份额，从而实现战略扩张。这类投资活动虽然风险较高，但可能带来丰厚的回报。

固定收益投资：购买债券

如果企业不愿意直接参与其他企业的经营，或者希望规避经营风险，可以选择购买债券，以获得固定的利息收益。

现金流出：购买债券，形成投资活动现金流出。例如，一家企业购买政府债券或企业债券，以获得固定利息收益。

现金流入：获得债券利息或出售债券，形成投资活动现金流入。例如，一家企业持有债券到期，可以获得本金和利息形式的现金流入。

固定收益投资的核心逻辑在于，企业通过购买债券获得稳定的现金流，而不直接参与其他企业的经营。这类投资活动适合风险偏好较低的企业，或者在企业现金充裕但缺乏投资机会时，作为一种稳健的资产配置方式。

无论是扩建产能、并购扩张还是固定收益投资，投资活动的核心逻辑都在于将资金转换为长期资产，以支持企业的未来发展。通过不同层次的投资活动，企业可以根据自身的发展战略和风险偏好，选择最适合的投资方式。

经营活动

经营活动现金流是指，最大口径的现金流范围中扣除融资活动现金流和投资活动现金流之后，剩余的现金流。具体来说，经营活动现金流涵盖了企业通过销售产品、提供劳务获得的现金流入，以及支付工资、购买原材料、支付税费等日常运营相关的现金流出。经营活动现金流是企业生存和发展的核心，直接反映了企业的运营效率和盈利能力。

现金流量表与资产负债表的关系

现金流量表反映了企业在一段时间内的现金流动情况，而资产负债表则展示了企业在某一时点的财务状况。两者之间存在着密切的勾稽关系，尤其是现金流量表中的"现金及现金等价物净增加额"与资产负债表中的"货币资金"项目直接相关。这种勾稽关系，使得现金流量表净流量总额的真实性，很容易得到验证。验证步骤如下：

（1）核查货币资金：资产负债表中的"货币资金"项目，反映了企业在某一时点的现金及现金等价物余额。由于货币资金通常存放于银行或以现金形式持有，其金额易于核查和验证。

（2）统计现金流量表总变化：现金流量表中的"现金及现金等价物净增加额"表示企业在一段时间内现金的净变化。这一数值可以通过经营活动、投资活动和融资活动的现金流量净额相加得到。

（3）验证勾稽关系：现金流量表中的"现金及现金等价物净增加额"，应与资产负债表中"货币资金"项目的差额（差额＝期末－期初）相等。例如，若某企业特定年度现金流量表中的"现金及现金等价物净增加额"呈现为1亿元，如无特殊情形，其资产负债表内"货币资金"项目期末余额较期初余额增加1亿元。

由于报表项目之间存在这样的勾稽关系，如果现金流量表存在问题，一般不是总额上的问题，而是结构上的错位。例如，企业可能通过将融资活动现金流入错误地归类为经营活动现金流入，以美化经营现金流的表现。因此，分析现金流量表与资产负债表的关系，不仅有助于全面了解企业的现金流动情况和财务状况，还能为信贷决策提供更加可靠的依据。

6.5.2 为什么经营活动现金流分析是不可或缺的

经营活动现金流的定义与核心逻辑

从现金循环的视角来看，企业的经营活动现金流是现金循环的核心环节。企业采购原材料，支付工资、税费等形成现金流出，再通过销售产品或提供劳务获得现金流入，循环往复从而实现现金的循环。这一过程直观地反映了企业的日常运营效率要求，即经营活动现金流入必须大于经营活动现金流出，才能实现企业的长期可持续性发展。

但如果经营活动现金流入不足以覆盖现金流出，企业将面临资金链断裂的风险。短期内，企业可以通过投资活动（如出售资产）或融资活动（如借款）来补充现金，甚至动用存量现金来救急。然而，这些措施都是不可持续的：出售资产会削弱企业的长期竞争力，借款会增加企业的债务负担，而存量现金的消耗则会降低企业的抗风险能力。

因此，企业长期可持续性发展，必须依靠用经营活动现金流入来满足经营活动现金流出。只有通过日常经营实现现金净流入，企业才能在不依赖外部融资或者出售长期资产的情况下维持正常经营，并为未来的发展奠定基础。当然，经营活动现金流也可能为负，这种情况究竟是暂时的还是长期的，则需要结合利润表进行深入分析，这是后续内容中详细探讨的问题。所以，经营活动现金流的管理，不仅是企业现金循环中不可或缺的一环，更是评估企业财务健康状况和偿债能力的关键内容。

经营活动现金流的历史意义：收付实现制下的利润

利润表的未来视角与虚增利润的风险

利润表最初的目的是面向过去，通过分步解释企业的收益，确保应纳税所得额的计算清晰准确，这一功能与美国税务机关规范税收征管的需求紧密相关。然而，随着投资市场尤其是证券市场的发展，利润表的阅读视角逐渐转向未来。投资者和分析师更多地从"企业未来如何赚钱"的角度来解读利润表，以可持续经营为前提，预测企业在未来可能实现的收入和需要支出的成本费用。

然而，这种未来视角也为企业虚增利润提供了动机。尽管虚增利润会导致企业缴纳更多的税款，但在资本市场上，虚增的利润可以推高股价，带来更大的资本增值收益。虽然这种虚增利润的行为短期内可能为企业及其股东带来收益，但长期来看是不可持续的。这种不可持续性体现在两个方面：

企业盈利能力不可持续：虚增利润并非基于真实的经营活动，企业无法长期维持这种虚假的盈利水平，最终可能导致财务状况恶化。

资本市场发展不可持续：投资者基于虚增利润的信息做出决策，最终无法获得预期的回报，进而对资本市场失去信心，影响资本市场的健康发展。

现金流量表的风险视角：收付实现制的引入

为了弥补利润表的局限性，美国证监会在经济大萧条后正式引入了现金流量表，作为收付实现制下的利润分析工具。与利润表的未来视角不同，现金流量表天生就是风险视角。它关注的是企业实际收到和支付的现金，而不是未来可能实现的收入和发生的费用。这种视角的核心在于化解投资人的担忧：即使企业账面盈利，但如果现金流不足，导致资金链中断，无法支付关键性开支（如人员工资、原材料采购、能源采购等），依然可能引发经营危机。

收付实现制下的现金流量表，提供了独特的风险视角，可以用于评价企业的盈利能力是否可持续。例如，一家企业可能在利润表上显示盈利，但通过收付实现制下的风险视角，发现经营活动现金流为负，则表明其盈利可能依赖于应收账款增加或存货积压，其持续盈利能力存在较大的风险。

因此，现金流量表提供了一个重要的风险预警工具，帮助投资者更全面地评估企业的财务健康状况，避免被表面的利润数据所误导，从而做出更理性的决策。

结合利润表与现金流量表：经营活动现金流间接法

通过将利润表的未来视角与现金流量表的风险视角相结合，可以构建未来风险的评估逻辑。这一逻辑的核心在于经营活动现金流的间接法公式，它将净利润（权责发生制的结果）转换为经营活动现金流（收付实现制的结果），从而揭示企业盈利能力的可持续性。公式如下：

$$经营活动现金流 = 净利润（不考虑营业外收支、投资收益、资产减值、公允价值变动收益）+ 利息 + 折旧、摊销等非现金支出 - 流动资产的增加 + 经营性负债的增加$$

公式推导过程：

（1）资产等于负债加所有者权益：

$$资产 = 负债 + 所有者权益$$

（2）资产的变动等于负债的变动加所有者权益的变动：

$$\Delta 资产 = \Delta 负债 + \Delta 所有者权益$$

（3）没有新增资本和分红的情况下，所有者权益的变动等于本年净利润：

$$\Delta 所有者权益 = 净利润$$

（4）Δ资产包括现金、应收账款、存货、预付账款等流动资产的变动，以及固定资产和累计折旧的变动：

$$\Delta 资产 = \Delta 现金 + \Delta 应收账款 + \Delta 存货 + \Delta 预付账款 + \Delta 固定资产 - \Delta 累计折旧$$

（5）Δ负债包括应付账款、银行借款和预收账款的变动：

$$\Delta 负债 = \Delta 应付账款 + \Delta 银行借款 + \Delta 预收账款$$

（6）基于会计恒等式——资产＝负债＋所有者权益，就有了下面的等式：

$$\Delta 现金 + \Delta 应收账款 + \Delta 存货 + \Delta 预付账款 + \Delta 固定资产 - \Delta 累计折旧$$

$$= \Delta 应付账款 + \Delta 银行借款 + \Delta 预收账款 + \Delta 所有者权益（净利润）$$

（7）将Δ现金留在等式的左边，其他项移到右边：

$$\Delta 现金 = \Delta 所有者权益（净利润） + \Delta 累计折旧 - \Delta 应收账款 - \Delta 存货 - \Delta 预付账款 + \Delta 应付账款 + \Delta 预收账款 - \Delta 固定资产 + \Delta 银行借款$$

（8）在这个等式中，关注的是经营活动现金流，因此不包括固定资产和银行债务的变动。同时，净利润要剔除非现金收支（资产减值、公允价值变动），以及投资活动（非相关营业外收支、投资收益）和融资活动（利息支出）现金流，这样就得到了经营活动现金流间接法的公式：

$$经营活动现金流 = 净利润（不考虑营业外收支、投资收益、资产减值、公允价值变动收益） + 利息 + 折旧、摊销等非现金支出 - 流动资产的增加 + 经营性负债的增加$$

为了更清晰地理解企业的经营状况，可以将净利润和经营活动净现金流的正负情况结合起来，将企业分为四种类型。这种分类方法能够帮助信贷经理快速识别企业的财务风险，并为信贷决策提供依据。

- 净利润为正表示企业赚钱，为负则表示亏钱。
- 经营活动净现金流为正意味着企业有钱，为负则意味着没钱。

通过这两个指标，从不同的视角分析企业的经营成果。将企业分为以下四种经营组合，分别对应四个象限（见图6-2）。

第一象限：净利润为正，经营活动净现金流为正。

企业盈利能力强，且经营活动能够产生充足的现金流，财务状况健康。

第二象限：净利润为正，经营活动净现金流为负。

企业账面上盈利，但经营活动未能产生足够的现金流，可能存在应收账款或存货占用大量现金的问题。

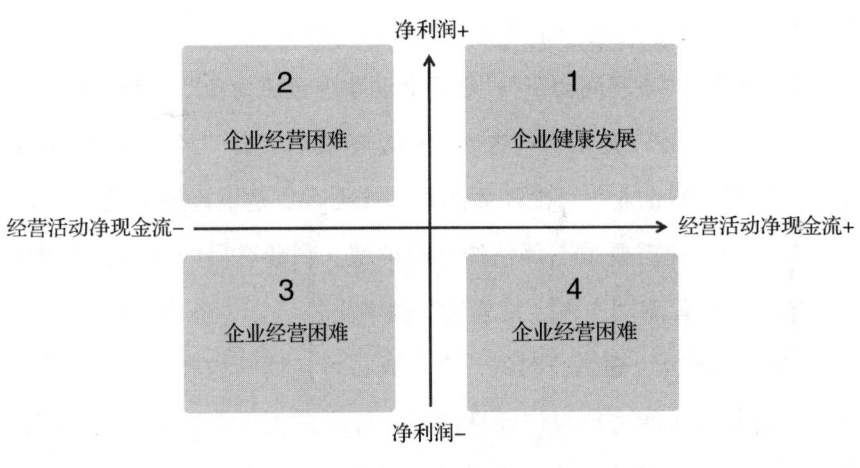

```
                    净利润+
          ┌─────────┐ │ ┌─────────┐
          │    2    │ │ │    1    │
          │企业经营困难│ │ │企业健康发展│
          └─────────┘ │ └─────────┘
                      │
经营活动净现金流— ─────┼───── 经营活动净现金流+
                      │
          ┌─────────┐ │ ┌─────────┐
          │    3    │ │ │    4    │
          │企业经营困难│ │ │企业经营困难│
          └─────────┘ │ └─────────┘
                    净利润—
```

图 6-2　经营组合

资料来源：肖星的财务公开课。

第三象限：净利润为负，经营活动净现金流为负。

企业不仅账面上亏损，经营活动也无法产生足够的现金流，财务状况较差，可能存在较高的违约风险。

第四象限：净利润为负，经营活动净现金流为正。

企业账面上亏损，但经营活动仍能产生较为充裕的现金流，可能是由于非现金费用（如折旧、摊销）较高，或营运资本管理较好。

第一象限："净利润为正"+"经营活动净现金流为正"（赚钱且有钱）。

这类企业通常是银行的优质客户，因为其财务状况稳健，违约风险较低。然而，正是由于其现金流充足且盈利能力较强，这类企业通常不需要额外的融资支持，除非面临以下情况：大规模投资以扩大生产规模（如新建生产线、收购其他同业企业等）、战略调整（如通过战略并购进入新市场），或优化资本结构（如通过融资降低负债成本或调整股权结构）。对于信贷经理而言，这类企业的融资需求较少，但其潜在的合作价值较高。银行可以通过提供定制化的金融服务（如投资咨询、并购融资等)与这类企业建立长期合作关系。

第二象限:"净利润为正"+"经营活动净现金流为负"(赚钱却没钱)。

"净利润为正"是银行筛选客户的基本要求,而"经营活动净现金流为负"则表明企业很可能需要融资。这类客户是银行最常见的类型,但也是信贷经理需要重点评估的客户类型。判断客户的好坏,关键在于判断其"经营活动净现金流为负"的本质是"急"还是"穷":

"急":现金短缺是暂时的,企业具备可持续的盈利能力,未来能够通过自身造血能力解决流动性问题。针对该类现金短缺,银行可以提供现金支持,帮助企业解决暂时性困难,使其有机会迁移到第一象限(净利润为正+经营活动净现金流为正)。

"穷":现金短缺是长期的,企业盈利能力不可持续,即使当前盈利,未来也可能陷入亏损。针对该类现金短缺,银行需要谨慎决策,避免陷入贷款难以回收或被迫持续提供现金支持的困境。

要想更清晰地理解现金短缺的本质,需要结合权责发生制(利润表)和收付实现制(现金流量表)两个不同的视角,通过案例做深入分析。

背景设定在2011年,涉及两家企业:A企业主营电子阅读器,B企业主营基站建设。

A企业:净利润为3.2亿元,企业赚钱。经营活动净现金流为-3.2亿元,企业没钱。根据分析框架,A企业属于第二象限的企业。

B企业:净利润为9亿元,企业赚钱。经营活动净现金流为-15.5亿元,企业没钱。根据分析框架,B企业同样属于第二象限的企业(见图6-3)。

两家企业的现金流		
		（单位：百万元）
2011年	A企业	B企业
经营活动净现金流	−320	−1550
净利润	320	900

- A企业应收账款增加1.5亿元，存货增加3.29亿元；2012年亏损5亿元。
- B企业应收账款增加36亿元，存货增加3.8亿元；2012年利润为14.5亿元，经营活动净现金流转正。

图 6-3　两家企业的现金流

资料来源：肖星的财务公开课。

通过经营活动现金流间接法分析，发现 A 企业现金流短缺的主要原因是应收账款增加 1.5 亿元，存货增加 3.29 亿元，这两项资产的增加耗用了大量现金，是导致经营活动净现金流为负的主要原因。从 A 企业的例子来看，应收账款和存货大幅增加的原因可以归结为以下两点：

（1）2010 年 iPhone 4 的推出导致电子阅读器市场萎缩。A 企业为应对市场压力，2011 年加大赊销力度并降低赊销门槛，以吸引更多经销商。这一策略虽然短期内推动了销售，但也导致应收账款大幅增加。

（2）尽管企业在 2011 年采取了高强度的促销活动，但市场需求的急剧下降使得存货未能被有效消化，存货增加了 3.29 亿元。

从资产质量的角度来看，A 企业的应收账款和存货存在严重问题。应收账款大幅增加，且其中相当一部分来自资质不佳的经销商，回收风险较高。促销力度大幅提升，仍然积压了大量存货，意味着存货流动性变差，其变现价值可能远低于账面价值。从现金循环的角度来看，这些资产未来难以转换为同等数量的现金。情况分析表明，A企业的盈利能力不可持续。

2012年A企业亏损5亿元，进一步证实其盈利能力不可持续。随着现金循环次数的增加，这类企业的现金资源会越来越少。该企业现金短缺是长期的，属于典型的"穷"。因此，银行不能给予贷款支持，否则可能面临贷款难以回收或被迫持续提供现金支持的困境。

针对B企业，通过经营活动现金流间接法分析发现，现金短缺的主要原因是应收账款增加36亿元和存货增加3.8亿元，两项资产的增加耗用了大量现金，是经营活动净现金流为-15.5亿元的主要原因。从B企业的例子来看，应收账款和存货大幅增加的原因可以归结为以下两点：

（1）2011年前后，移动互联网的快速发展带动了基站建设需求的爆发式增长。B企业作为行业领先企业，业务量大增，这导致应收账款增加36亿元。

（2）为满足订单需求，B企业增加了原材料采购并扩大了生产规模，导致存货增加3.8亿元。

从资产质量的角度来看，B企业的应收账款主要来自全球各国电信企业（国家背景的大型企业），回收风险较低。由于是订单式生产，B企业的存货未来能够以高于账面价值的价格变现，变现能力较强。从现金循环的角度来看，这些资产能够保值甚至增值，未来能够转换为充裕的现金流。情况分析表明，B企业的盈利能力具备可持续性。

2012年，B企业的净利润增至14.5亿元，经营活动净现金流转为正，进一步验证了其盈利能力可持续的判断。这种类型的企业，现金短缺是暂时的，属于典型的"急"。因此，银行可以提供现金支持，使其渡过难关，有机会迁移到第一象限（净利润为正＋经营活动净现金流为正）。

第三象限："净利润为负"＋"经营活动净现金流为负"（不赚钱且没钱）。

企业处于第三象限，意味着既无净利润，经营活动净现金流又为负。这类企业通常可以分为两种情况，需要区别对待。

（1）经营恶化的企业。

经营恶化的企业在市场竞争中处于劣势，产品或服务缺乏竞争力，导致销售收入难以覆盖成本。同时，现金回笼困难，经营活动无法产生足够的现金流入以维持正常运转。银行通常会拒绝该类型企业的借款申请，因为其违约风险较高，贷款回收难度较大。

然而，部分该类企业可能通过积极的自救措施改善经营状况，例如：

降低成本：通过裁员、优化供应链等方式降低人力成本和运营成本。

提升效率：优化组织结构，提高运营效率，减少资源浪费。

调整业务方向：集中资源发展更具潜力的业务领域，提高产品或服务的附加值与市场竞争力，进而增加销售收入和利润。

对于积极自救的企业，银行可以采取观望态度，密切关注其整改进展。如果企业自救成功，经营状况显著改善，银行可在未来考虑与其合作。

（2）创业型企业。

创业型企业通常处于早期阶段，其净利润和经营活动净现金流为负可能是大规模投入造成的。例如，京东在早期通过大量现金投入进行市场开拓，导致经营活动净现金流为负。同时，为快速占领市场、培养客户的消费习惯，通过降低价格补贴消费者，导致净利润为负。然而，这种策略最终帮助京东建立了强大的市场地位和良好的客户基础，使京东实现了长期盈利。

创业型企业由于其高风险的特点，通常不是银行贷款融资的合作对象。然而，这类企业可对接股权融资，吸引风险投资或私募股权基金的支持。银行可以通过与股权投资机构合作，为创业型企业提供配套的金融服务，例如现金托管、财务顾问等。

第四象限：" 净利润为负"+"经营活动净现金流为正"（不赚钱却有钱）。

第四象限的企业与第三象限的企业相比，处于相对较好的状况。第三象限的企业既不赚钱又没钱，而第四象限的企业虽不赚钱，却有正的经营活动净现金流。

一般来说，银行不会将"净利润为负"的企业视为潜在的合作对象。但如果该类企业已经是银行的存量客户，则银行需谨慎评估是否与其继续合作。尽管该类企业的经营活动净现金流为正，能够用于偿还债务，但银行仍然面临是否提前收回贷款的两难选择：若不提前收回贷款，该类企业可能会因盈利能力不足导致流动性恶化，到期无法偿还银行债务。若提前收回贷款，该类企业未来盈利能力改善，银行则可能错失良好的合作机会。

解决问题的关键是评价企业正的经营活动净现金流是否可持续，这是评估其偿债能力的关键所在。重新回到经营活动现金流间接法公式⊖，一起来认识经营活动净现金流的长期驱动因素。

⊖ 此处重点是讨论 3 个要素，故对公式进行了简化。

$$\begin{matrix}经营活动净\\现金流\end{matrix} = \begin{matrix}净利润\\（调整后）\end{matrix} - \begin{matrix}\Delta 经营性\\流动资产\end{matrix} + \begin{matrix}\Delta 经营\\性负债\end{matrix}$$

公式中影响净现金流的各个要素中，净利润的影响基于当年发生额，而经营性流动资产和经营性负债的影响看差额。这样的差异非常重要，假设企业2023年净利润为1亿元，2024年下降至1元，2024年的净利润仍然为2024年的经营活动净现金流贡献了1元。Δ经营性流动资产减少（如应收账款减少、存货减少），释放现金流，则需要计算2024年比2023年减少的金额。Δ经营性负债增加（如应付账款增加），减缓现金流出，也需要计算2024年比2023年增加的金额。

据此，可以得出结论：净利润的当期发生额，反映了企业的当期盈利能力，是企业经营活动净现金流的核心驱动力。而经营性流动资产和经营性负债前后两个年度的差额，反映了企业对营运资本的管理能力，是经营活动净现金流的短期调节因素。

具体来说，经营性流动资产的压缩和经营性负债账期的延长，虽然可以在短期内起到改善作用，但无法长时间持续改善经营活动净现金流。

经营性流动资产的压缩。 应收账款压缩的极限是没有赊销，但取消赊销政策会导致客户流失和销售收入下降。存货压缩的极限是零库存，但企业需要保持一定的安全库存，以应对市场需求波动和供应链的不确定性。

经营性负债账期的延长。 企业不能无限延长应付账款的付款账期，供应商的容忍度有限，长期拖延付款可能损害企业信用，甚至导致供应商终止合作。

因此，企业无法长期依赖压缩经营性流动资产，或延长经营性负债账期来改善经营活动净现金流。净利润的稳定或持续改善，才是经营活动净现金流长期为正的核心驱动力。银行在评估第四象限的企业时，应重点关注企业的盈利能力改善计划及可行性。

以华菱钢铁为例（见表6-4）。

表6-4 华菱钢铁2009年上半年跟踪评级报告 （单位：亿元）

项目	2006	2007	2008	2009.6
利润总额	15.49	23.25	11.33	−7.28
经营活动净现金流	32.80	32.62	66.33	22.36

资料来源：华菱钢铁评级报告。

2009年上半年华菱钢铁跟踪评级报告显示，华菱钢铁利润总额逐年降低，2009年上半年利润为负，但经营活动净现金流却逐年增加，符合第四象限"不赚钱却有钱"的特征。通过分析发现，华菱钢铁经营活动净现金流为正的原因是：

- 经营性流动资产减少（收紧了赊销政策使得应收账款减少，加快了现金流入）。
- 经营性负债增加（延长了付款账期使得应付账款增加，减缓了现金流出）。

然而，这种情况下的经营活动净现金流不具备持续为正的可能性。因为企业继续压缩应收账款和存货会导致销售下降和经营中断，企业继续延长应付账款账期会导致供应商拒绝供货。

对于第四象限的企业，银行是否继续合作的关键在于：

产品获利能力能否改善：企业是否有明确的盈利能力改善计划，以及计划是否可行。

未来现金流预期：企业是否能够通过提升盈利能力，实现经营活动净现金流长期持续为正。

如果企业能够通过优化产品结构、提升市场竞争力等方式改善盈利能力，银行可以考虑继续合作。否则，银行需谨慎评估是否提前收回贷款，以降低风险。

6.5.3 投资活动现金流，信贷经理可能误读了什么

在撰写信贷报告时，有的信贷经理常匆忙得出结论：企业加强投资活动，导致现金大量流出，对偿债能力形成负面影响。这种直接的结论是草率的，信贷经理需要了解企业为什么重视投资活动。常常听到企业主对投资做出这样的表述："投资是找死，不投资是等死。""投资是找死"指的是错误投资会消耗企业大量现金资源，进而造成资金链断裂，导致企业破产。而"不投资是等死"则表明，若不投资，未来企业会缺乏必要的竞争力，被迫退出市场。简言之，企业重视投资活动是为了在未来比对手具备更强的竞争力。所以，"投资是找死，不投资是等死"这句话并非说投资不重要，而是强调投资必须谨慎。

企业本质上是一个现金循环，需要将钱转换为物，再将物转换回钱以实现盈利。投资活动涉及将现金转换为长期资产，如土地使用权、厂房、设备等。这些长期资产通常以折旧方式，逐步在现金循环中转换为现金。与经营活动的现金快速转换不同，投资活动的现金回收周期较长。通常需要多个会计期间，长期资产才能完全转换为现金。这可能是很多信贷经理在撰写信贷报告过程中，常将投资活动现金流出视为负面行为的原因。

经营活动现金流当然重要，没有经营活动现金流入，企业就无法维持正常生存状态，没有经营活动现金流出，企业就无法获得原材料、支付费用、购买能源。短期来看，经营活动现金流是企业生存必需的，而投资活动现金流短期内可以没有。但从长期角度看，企业为了生存和盈利，必须进行投资活动以保持经营层面的竞争力。

案例

以京东为例，其日常经营活动包括将客户购买的商品快速配送到指定场所。京东物流的配送速度在同业中具有显著竞争优势，这一经营层面的优势源于京东持续多年的投资活动。相关数据显示，京东自2010年开始逐步加大物流设施建设投资，截至2015年，投资活动现金流出累计超过500亿元。其间，京东不断建设仓库、购置运输设备等长期资产。经过多年持续的投资活动，京东形成了完善的物流体系。

然而，投资活动并非没有风险。京东的投资活动当时面临着若干风险：

市场风险：市场需求变化可能导致投资项目无法达到预期收益。例如，电商行业市场变化很快，消费者需求可能随时发生变化。

行业风险：行业竞争加剧可能使企业的市场份额下降甚至使企业出局。例如，其他电商平台可能通过价格战或技术创新抢占市场。

政策风险：政策法规的调整可能影响投资项目的运营成本和收益。例如，物流行业的环保政策可能增加运营成本。

若投资失败，将对企业的偿债能力产生重大影响。因此，在评估投资活动时，需对这些风险因素进行分析，以更准确地判断投资活动对企业偿债能力的影响。

6.5.4 资本结构是兜底的，是现金安全的最后一道防线

为维持正常生产经营，企业必然产生经营活动现金流出。同时，为提升未来竞争力，企业也会进行投资活动，从而产生投资活动现金流出。理想情况下，企业经营活动现金流入应足以覆盖必要的经营与投资活动现金流出。如果企业自身的最大现金流入口径——经营活动现金流入与投资活动现金流入之和，仍不足以覆盖必要的现金流出需求，企业则需通过融资活动现金流入来填补资金缺口。然而，融资活动也会带来相应的现金流出。

从银行的角度分析企业融资活动现金流，重点在于企业的资本结构和资金成本。资本结构反映了企业偿还债务的时间维度，对现金预算有重要影响。资金成本则决定了偿还金额的多少。

银行通常希望企业在借款后通过股权融资来补充资金。股权融资带来的现金流出是在偿还债权人之后发生的，这有助于保障偿债能力。然而，企业股东可能对此持有不同看法。以下通过一个案例来说明。

👆 案例

一个总投资 50 亿元的电动车项目，年回报率为 15%。如果全部用股权现金投入，股权投资人获得的回报率就是 15%。如果股权投资人对回报率不满意，可以通过改变资本结构来提高股权投资回报率（见图 6-4）。

第一层杠杆：股东投资下降为 20 亿元，其余的 30 亿元通过银行融资。假设银行贷款利率为 8%，项目回报率为 15%，扣除 8% 的银行利息后，剩余 7% 的收益归股东所有。这样，股东实际投资 20 亿元，

回报率将上升到 25.5%。

```
┌──────────────┐    ┌──────────────┐
│ 股东投2亿元   │    │ 明股实债3亿元 │
│ 年回报率138%  │    │ 年回报率18%   │
└──────┬───────┘    └──────┬───────┘
       │                   │
       ▼                   ▼
┌──────────────┐    ┌──────────────┐
│ 股东投5亿元   │    │ 优先级投资15亿元│
│ 年回报率66%   │    │ 年回报率12%   │
└──────┬───────┘    └──────┬───────┘
       │                   │
       ▼                   ▼
┌──────────────┐    ┌──────────────┐
│ 股东投20亿元  │    │ 银行贷款30亿元 │
│ 年回报率25.5% │    │ 年回报率8%    │
└──────┬───────┘    └──────┬───────┘
       │                   │
       └─────────┬─────────┘
                 ▼
┌─────────────────────────────────────┐
│ 总投资50亿元（电动车），年回报率15%  │
└─────────────────────────────────────┘
```

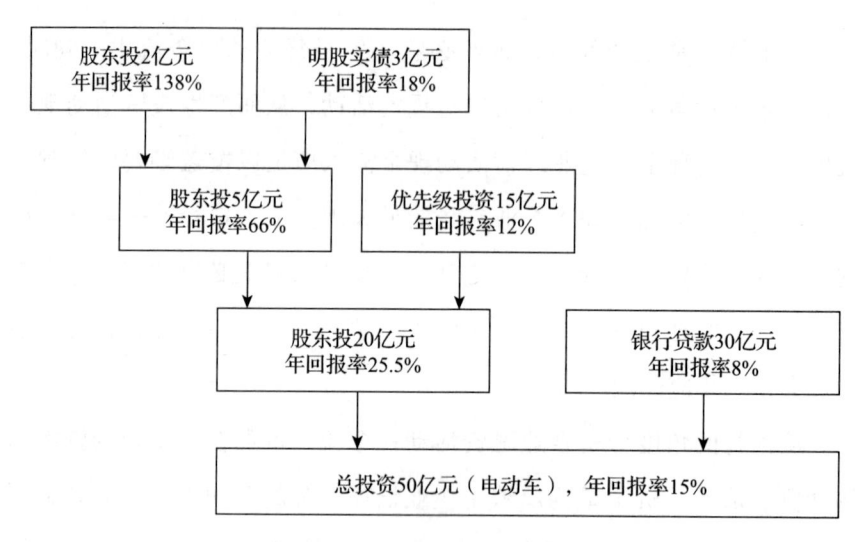

图 6-4　杠杆融资下的回报率

第二层杠杆：如果股东依旧对投资回报率不满意，可以再加一层杠杆。例如，股东投资从 20 亿元下降到 5 亿元，现金缺口的 15 亿元以资产证券化的方式融资。债务现金 15 亿元作为优先级投资，固定回报率为 12%。由于 25.5% 的回报率能够覆盖优先级投资 12% 的回报率，多出的部分归股东。此时，股东投资回报率可涨到 66%。

第三层杠杆：如果股东仍然对回报率不满意，可以加第三层杠杆，采用明股实债的方式（表面是股份，实际是股份回购）。这样，股东仅投资 2 亿元，投资回报率上升到 138%。通过这样的操作，股东的现金投入从之前的 50 亿元下降到 2 亿元，剩余 48 亿元可以用于市场上的其他项目（假设市场上有足够多的好项目）。

由此可见，资本结构的变化能够显著提升股东的回报率，因此股权投资人往往更倾向于高杠杆融资。但这种高杠杆模式并非没有代价。债权人与其他利益相关者对此表现出明显的排斥态度，主要基于以下原因：

收益率波动的影响：当项目回报率从15%变为8%时，处在第一层的30亿元的银行贷款本息虽能偿还，但这会导致股东投资回报率大幅下降。如果是两层债务融资，则可能无法保证第二层债权人的收益（12%的回报率），甚至可能影响其本金的安全。更不用说第三层债务，明股实债18%的要求回报率了。

债权人与股东的风险偏好：股权投资人秉承高风险高回报的理念，可能愿意接受较高的风险。然而，债权人，尤其是次级债权人（偿还顺序靠后的债权人），通常不会同意承担过高的风险。项目表现良好时，债权人的回报率远低于股权投资人，仅能获得固定利息收益。但项目出问题时，债权人却可能面临本金无法收回的巨大风险。这种风险与收益的不对称性使得债权人对高风险项目持谨慎态度。

破产风险对其他利益相关者的影响：从企业及其利益相关者的角度来看，在经营风险较高时增加债务负担并不可取。企业无法偿还债务本息时，债权人可能申请破产清算。这将直接危及企业的持续经营，并对更广泛的利益相关者（如管理层、员工、供应商、客户等）造成负面影响。

因此，企业在设计资本结构时，需要综合考虑债权人、股东以及其他利益相关者的利益。那么，从银行的视角来看，什么条件下的高杠杆融资才是可接受的呢？

继续上面的案例，假设50亿元的投资项目不是电动车，而是中国国债，年回报率为15%（年回报率是票面回报率，不随市场价格波动，也不受利率变化影响，是既定的利率）。在三层债务融资的情况下，股东投资2亿元，年回报率138%。而最次一级的债权人，明股实债的债权人投3亿元，回报率18%。明股实债的债权人虽然承受的风险最高，但不会拒绝这样的投资项目。

国债资产安全性高，现金流入稳定，经营风险低。债权人无须担心本息的安全。只要企业愿意加杠杆且收益率达标，债权人通常愿意参与。因此，企业是否能够高杠杆融资，关键看经营性现金流的稳定性。高风险高收益，但风险的不对称性导致债权人，或众多利益相关者对高风险避而远之。

在企业融资中，无论是债权融资还是股权融资，都需为投资人提供回报。债权需还本付息，股权则需提供风险补偿。企业的融资决策应综合考虑自身经营状况，重点关注当下的盈利能力及现金流的稳定性。这涉及企业融资决策与生命周期的相关知识体系。

接下来，将进一步探讨企业生命周期不同阶段的现金流特征，及其对融资方式的影响。

种子期

现金流特征：企业处于初创阶段，产品或服务尚在研发或推广初期，市场需求不确定，经营活动现金流入很少。现金流入主要依赖原始投入（如天使投资、政府资助等），而几乎没有销售收入。现金流出集中于研发、小规模试生产以及初步的市场推广。研发上，企业致力于技术创新，投入大量现金用于科研项目，力求突破技术瓶颈。小规模试生产以小批量方式将研发成果转化为实际产品，并检验产品的可行性与质量。初步的市场推广则向目标客户传递产品独特理念，引导客户尝试使用产品，逐步培养客户的消费习惯。

👆 案例

一家处于种子期的企业专注于新型智能穿戴设备，投入大量现金用于研发，小规模试生产出 50 件样品，通过线上线下结合的方式向潜在客户展示产品功能。线上通过社交媒体平台发布产品信息，吸引了约 2000 名客户关注。线下举办体验活动，邀请了 200 名客户参与，让客户亲身体验产品的独特之处。在此过程中，客户逐渐了解产品价值，开始形成初步消费习惯。企业的现金来源主要依赖于天使投资和政府资助，尚未产生销售收入。

债权人偏好：由于经营活动现金流不稳定且几乎没有收入，风险高，债权人通常不愿在此阶段提供融资。企业可能面临较大违约风险，一旦经营问题出现，可能无法按时偿还债务。不过，部分企业因现金来源有限，会通过民间借贷获取现金。民间借贷相对灵活，能满足企业短期现金需求，但利息较高且缺乏规范监管。

融资产品：此阶段主要依赖股权融资，如天使投资、风险投资等。天使投资凭借对初创企业的敏锐洞察力和对创新的支持，为企业注入现金。

发展期

现金流特征：产品正式走出实验室，进入市场并开始被客户认知，形成一定口碑，逐渐被更多人接受。销售收入逐渐增长，经营活动现金流逐步增加，但仍处于相对较低水平。现金流入主要来自销售收入、前期投资以及新的投资，现金流出主要用于产品生产、研发和市场推广。

👆 **案例**

某家智能家居企业在发展期推出了首款智能音箱,通过线上线下渠道进行推广。随着市场认可度提升,销售收入从初期的每月 100 万元增长到每月 500 万元。企业利用部分收入进行产品迭代研发,同时加大市场推广力度,进一步扩大市场份额。由于经营活动现金流稳定增长,企业开始引入债权融资,如可转债形式的债权贷款,以支持生产和研发。

债权人偏好:在发展初期,经营活动现金流尚未稳定,风险较高,债权人不愿提供债务融资。一些不愿错失机会的债权人可能会采取可转债形式尝试提供融资。随着企业发展到后期,经营活动现金流稳定性增强,信用风险降低,债权人开始愿意承担风险。

融资产品:发展初期主要依赖天使投资、风险投资等股权融资方式。随着企业发展,开始引入债权融资。债权融资常以可转债形式出现,企业风险较高时,银行可获取固定利息收益,若企业发展良好,银行还能通过转股分享企业成长红利。到了发展后期,随着企业经营风险降低,银行债务开始正式进入。不过考虑到此时经营风险尚未稳定,银行贷款一般要求充足的抵押担保。例如,企业需以土地使用权、房产等作为抵押物,向银行申请贷款,银行通过评估抵押物价值和企业信用状况,确定贷款额度和利率。这样既保证了银行现金的安全性,又满足了企业的现金需求。

扩张期

现金流特征:企业在该阶段利用已经形成的市场口碑,实现快速增长。现金流的稳定性显著提升，现金流入主要来自销售收入、投资收益以及各类融资渠道。由于业务扩张，现金需求旺盛，现金流出主要用于扩大生产规模、研发投入、市场推广以及收购等。

案例

某家新能源汽车企业在扩张期通过并购多家电池制造商和充电桩运营商，迅速扩大了市场份额。同时，企业通过上市融资获得了大量现金，它们被用于建设新的生产基地和研发中心。销售收入从每年10亿元增长到每年50亿元，现金流的稳定性显著提升。企业利用上市募集的现金快速扩张，包括扩大生产、研发创新以及市场整合。

债权人偏好：随着企业市场份额扩大、经营趋于稳定，信用风险降低，债权人愿意提供融资。此时不仅有常规银行贷款，还可能出现纯信用贷款。企业发展前景良好，股权投资人积极参与投资，企业的融资渠道更加多元化。

融资产品：企业在扩张期能通过多个融资渠道，利用多种融资产品获得现金。这个阶段的典型特征是，并购会成为重要的成长方式，使得企业开始积极谋求上市，通过上市融资获取大量现金。上市募集的现金被用于支持企业快速扩张，包括扩大生产、研发创新以及市场整合等。例如，携程在扩张期通过引入资本，整合市场上其他规模相当或较小的企业，实现市场份额快速增长。

成熟期

现金流特征：企业在市场上已充分开发客户，销售规模达到顶峰，增长趋势放缓,现金流稳定且充裕。现金流入主要来自稳定的销售收入、投资收益以及各类金融产品的收益,现金流出主要用于维持生产运营、研发创新、市场宣传以及企业并购等。

案例

某家成熟的消费电子企业通过发行长期债券和并购同行业企业,进一步优化资本结构。企业利用较低的市场利率发行债券,降低了融资成本,同时通过并购实现了资源整合与协同效应,提升了市场竞争力。销售收入稳定在每年100亿元左右,现金流充裕且稳定。

债权人偏好:企业在成熟期的稳定现金流使其受到债权人青睐,不仅有信用贷款,还吸引了风险较大的特殊类型债务产品。企业在市场上的良好信誉和稳定经营状况,使债权人愿意承担更高风险。

融资产品:企业在成熟期可通过发行长期债券,利用较低的市场利率,降低融资成本,优化债务结构。同时,通过并购相关企业,实现资源整合与协同效应,提升市场竞争力。例如,某些成熟企业通过与产业基金合作,并购同行业企业,实现产业链整合,进一步提升市场份额和竞争力。

CHAPTER 7
第 7 章

风险提示及其应对策略

7.1 风险管理的逻辑与风险偏好

在确认借款人及借款用途基本靠谱后，需对剩余风险进行提示，并制定风险管理策略以应对剩余风险，来保障银行债权风险可控。这些风险包括战略、市场、法律合规、操作、经营、交易对手、资金用途、流动性、项目超支或延期、财务杠杆等十大风险。

下面先从定义出发，厘清对风险的错误认知，再介绍一般风险应对策略，最后逐个讨论重要风险类型。

7.1.1 风险的定义

风险被定义为预期结果的不确定性，通常预期结果的确定性越高，风险便越小。现实生活中，许多人常常混淆风险与危险这两个概念。

风险具有二重性，它既可能带来损失，这一点与危险有相似之处，同时又可能带来机会，这是危险所不具备的。然而，风险和危险的关键区别并不仅在于此。危险是针对特定主体而言的，而风险则没有这一要求。

为了更好地说明这一点，来看一个示例。假设一个人醉酒驾车（当然不希望这种事情发生），预期的结果可能是严重的交通事故，甚至可能导致人员伤亡。这件事无疑是有危险的，因为醉驾会对驾驶员和其他道路使用者造成极大的伤害。然而，从风险的角度来看，醉酒驾车的结果几乎是确定的。由于醉酒状态下驾驶员的反应能力和判断力大幅下降，发生交通事故的概率非常高。根据风险的定义，针对预期结果的不确定性越小，风险就越小。因此，醉酒驾车的行为，正是因为其结果的不确定性很低（事故几乎必然发生），所以风险很小。

危险则是强调针对特定主体的伤害程度，比如一位80岁高龄的老太太走在湿滑的路面上，这个时候就存在危险，因为她一旦摔倒，可能会受到严重的伤害。但如果是一位18岁的小伙子，即使摔倒也不太可能会造成严重的个人损伤，所以基本上不存在什么危险。通过这些例子，可以清晰地理解风险和危险的区别。

7.1.2　风险偏好与风险承担

从债权人的角度而言，借款人应当尽可能远离风险，承担的风险越少越好。但企业存在的意义就在于其必须通过承担风险来实现盈利，因为高风险往往对应着高回报，企业若期望获得高收益，就必然要承担较高的风险。这样便出现了一个矛盾：债权人希望企业承担的风险越低越好，而企业经营者为了获取更多收益却选择承担更高的风险。

矛盾该如何解决？妥协的结果必然是，企业应通过多种措施，对可管理的风险实施有效管理，以化解可能出现的损失。同时，对于必须承担的风险，企业要勇于承担，争取获得相应收益。

案例

某民营企业专注于非标钢结构的生产与销售，老板曾是一家日资企业的技术负责人。由于老板是技术出身，企业在产品创新和质量把控方面具有显著优势，这也成为其核心竞争力的关键所在。企业90%以上的销售收入来自出口业务，因此拥有大量的美元应收款。

鉴于美元应收款金额较大，银行建议企业对美元应收款进行外汇价格锁定（即通过远期外汇合约锁定汇率），以确保人民币计价的营业收入保持稳定。然而，老板认为未来美元有可能升值，如果提前锁定汇率，将会错失美元上涨带来的收益，因此拒绝了银行的建议。

一段时间后，美元汇率出现大幅波动，使得企业经营活动现金流极不稳定。这种波动不仅影响了企业的日常运营，还对其核心竞争力构成了严重威胁。美元大幅贬值期间，企业资金链几乎断裂，导致产品创新和质量控制方面的投入被迫削减，严重削弱了其市场竞争力。

最终，老板不得不主动要求锁定远期汇率的价格。这一转变的背后，反映了企业在风险管理上的一个重要教训：虽然老板明白"高风险高收益"的道理，但在非核心竞争能力的领域（如外汇风险管理），企业缺乏有效的风险管理能力。企业既无法在汇率波动中抓住机会实现更大收益，也无法在汇率波动中发现威胁以规避损失。这种不确定性导致企业的现金流像坐过山车一样波动剧烈，进而对核心业务造成了严重冲击。

老板更新理念后的价值主张是：企业应该像巴菲特那样，"不熟悉的不投资"。企业必须专注于自己擅长的领域，而不是在不熟悉的领域冒险。只有专注于擅长的产品创新和质量把控领域，企业才能在风险波动中趋利避害，实现可持续发展。管理外汇的波动性超出了企业的能力范围，而锁定汇率正是为了将不确定性降到最低，从而保护企业的核心竞争力和现金流稳定性。

7.2 风险应对策略

7.2.1 风险规避

风险规避是指在面对潜在损失时，主动选择避免或退出可能导致损失的情况。它涉及识别潜在的风险，并采取行动来防止这些风险发生，或者在风险发生之前就退出可能受影响的领域。

例如：

个人健康：一个人为了避免吸烟带来的健康风险，选择不吸烟或戒烟。

职业选择：一个即将毕业的学生，了解到某个行业的就业前景不明朗，可能会选择不进入该行业，而是寻找其他更稳定的职业道路。

财务决策：投资者在分析市场后认为股市存在较大的下跌风险，因此选择不投资股票，而是将现金存放在银行定期存款中，以避免可能的市场波动带来损失。

旅行计划：一个旅行者在了解到某个目的地近期有发生自然灾害的风险，决定取消前往该地的旅行计划，以避免可能的风险。

这些例子展示了风险规避的核心思想：在风险发生之前，通过主动选择避免或退出，来减少或消除潜在的损失。

7.2.2 风险对冲

风险对冲是指采取策略来减少或抵消特定风险可能带来的负面影响。这通常涉及通过相反的操作或投资来平衡潜在的损失，使得如果一个投资或操作失败，另一个可以提供保护或补偿。下面举例说明。

股票价格风险：假如持有股票，担心股价下跌，就可以买入看跌期权。如果股价真跌了，股票价值减少，但看跌期权价值会上升，其收益可弥补股票的损失，实现风险对冲。比如持有 100 股价格为 50 元/股的股票，买入看跌期权花费 200 元，当股价跌到 40 元/股时，股票损失 1000 元，但看跌期权可获利 800 元左右（扣除期权成本后），部分抵消了股票损失。

外币价格风险（汇率风险）：一家企业预计会收到外币货款，担心外币贬值导致本币收入减少，就买入外币看跌期权。若外币贬值，企业外币收入兑换本币变少，但看跌期权盈利增加。例如企业预期会收到 10 万美元货款，买入看跌期权，当汇率从 1∶7 变为 1∶6 时，货款兑换本币少了 10 万元，但看跌期权获利 8 万元左右（扣除成本），减轻了损失。

商品价格风险：比如一家食用油加工企业，以大豆为原料，担心大豆价格上涨增加成本，就买入大豆的看涨期权。若大豆价格上涨，企业采购成本上升，但看涨期权价值也会上升，其收益可以弥补现货采购成本的增加。如大豆价格从每吨 3000 元涨到 3500 元，企业采购 10 吨多花 5000 元，但看涨期权可获利 4000 元左右（扣除成本），缓解了成本压力。

本币价格风险（利率风险）：企业计划贷款，担心利率上升增加利息支出，就买入利率上限期权合约。当市场利率上升超过约定上限时，期权合约会产生收益，补偿企业多支付的利息。例如企业贷款 100 万元，买入利率上限期权，当市场利率从 5% 上升到 6%，企业多支付 1 万元利息，但期权合约获利 8000 元左右（扣除成本），降低了利率上升带来的损失。

企业通过这些风险对冲策略，能在复杂市场环境中增强抗风险能力，稳定经营状况，保障自身利益。

7.2.3 风险转移

风险转移是指将风险的财务负担或责任，从一方转移到另一方的过程。这通常通过合同或保险来实现，使得风险的原始持有者（即风险的转移者）支付一定的费用，以换取在风险事件发生时由另一方（通常是保险企业）承担损失。下面举例说明。

保险：个人购买汽车保险，如果发生车祸，保险企业将承担修理及其他赔偿费用。这样，车主就将可能的财务损失风险转移给了保险企业。

外包服务：一家企业将其 IT 支持服务外包给专业的 IT 服务企业，如果 IT 系统出现问题，责任和解决成本将由服务提供商，而不是企业自己承担。

供应链管理：制造商可能会与供应商签订合同，规定如果原材料供应中断，供应商需要负责找到替代材料或支付违约金。这样，原材料供应风险就从制造商转移到了供应商。

再保险：保险企业将部分大额保险合同的风险再保险给其他保险企业，以分散潜在的大额赔付风险。

担保和保证：建筑企业可能会要求供应商提供材料质量保证，如果材料不符合标准，供应商需要负责更换或赔偿，这样建筑企业就将材料质量风险转移给了供应商。

风险转移是一种有效的风险管理策略，它允许风险持有者通过支付一定的费用，将潜在的财务损失转嫁给愿意承担这些风险的第三方。

7.2.4 风险控制

风险控制是指采取一系列措施，减少风险发生的可能性或减轻风险发生时的负面影响。这通常涉及识别风险、评估风险的严重性，并实施策略来降低风险或限制其潜在的损害。下面举例说明。

交通安全：政府可能会实施交通法规，如限速、酒驾禁令和强制使用安全带，以减少交通事故的发生和减轻事故造成的伤害。

工作场所安全：企业可能会提供安全培训，确保所有员工了解如何安全操作机器，以及在紧急情况下如何反应。此外，企业可能会定期检查设备，确保其符合安全标准。

网络安全：企业可能会实施防火墙、加密技术和定期的安全审计，以防止数据泄露和网络攻击。

投资风险控制：投资者可能会设定止损点，当投资品价值下跌到某个水平时自动卖出，以限制潜在的损失。

健康风险控制：个人可能会定期进行体检，及早发现健康问题，以便及时采取治疗措施，减少疾病恶化的风险。

自然灾害风险控制：社区可能会建立防洪系统和早期预警系统，以减少洪水带来的损害，或者在地震多发区建造抗震结构的建筑。

在债务管理领域，风险控制是银行管理债务风险的关键手段，其核心目的在于减少债务风险对债权的潜在负面影响，确保债权的安全性，并维护借款人的偿债能力。风险控制主要通过财务限定条款和保护性条款来实现。

财务限定条款

由于股权人和债权人在企业中的利益诉求不同，且债权人通常难以全面掌握企业经营信息，容易引发利益冲突。为保障债权人利益与企业偿债能力，需对股权投资者或企业管理层加以限制，这就引出了财务限定条款。

例如，在借款协议中常见的规定有：

- 未偿还当年利息或本息之前，禁止对股东分红。若进行分红，需遵循银行约定，保证支付率不得高于当期净利润的特定比例，如不得高于30%，以此严格限制企业在偿债前对股东的利润分配规模。
- 对企业负债率水平进行控制，要求企业将负债率维持在一定阈值之下，如不得高于60%，防止过度举债损害债权人权益。
- 设定流动比率的限制，比如流动比率不得低于1.5，确保企业具备足够的短期偿债能力。

这些条款从财务层面全面约束了企业的现金分配与债务规模，降低了债务风险。

保护性条款

保护性条款是银行通过合同约定，对借款人财务指标之外的特定事项进行管控，以保障贷款偿还。按业务逻辑，保护性条款包括但不限于以下方面：

受托支付要求：要求借款企业采用受托支付方式，确保贷款资金的使用流向符合银行规定与贷款用途，有效监控资金去向，防范资金挪用风险。例如，对于大额贷款资金，必须直接支付给交易对手，银行将严格审查支付对象与合同的一致性。

现金的结算与留存：借款企业需在银行开户，要求在该借款银行结算，产生的结算资金留存比例可按贷款金额在总贷款中的占比确定。企业的开支通常对应着稳定的业务项目，银行可通过定期跟踪这些现金的流向，监控企业是否正常开展生产经营活动。同时，为了维持账户内规定比例的现金，企业会有相应的收款进入该账户，而这些收款通常来源于稳定的客户。银行对这些稳定收款项目所对应的交易对手进行跟踪，能够进一步了解企业的业务往来是否正常，进而评估企业生产经营的稳定性，以此保障银行对企业现金流的一定掌控力，增强现金的稳定性与可监管性。

定期提交运营报告：企业要定期向银行递交运营报告，使银行能够及时、全面地掌握企业经营动态，以便提前发现潜在风险并做出应对措施。报告内容应涵盖财务状况、市场份额变化、重大经营决策等多方面信息，提交频率可设定为每季度或每半年一次。

交叉违约条款：若借款人在其他债务合约中出现违约行为，则本贷款合约也将视同违约，银行有权依据此条款提前采取加速还款等措施，避免企业其他债务上的问题导致本贷款的偿还风险加剧。例如，一旦发现企业在其他金融机构的贷款逾期超过 90 天，本银行即可启动交叉违约程序。

还款方式限制：规定企业还款方式应尽可能采用等额本息，或其他分散本金偿还压力的方式，避免将利息和本金全部集中在银行贷款到期的时点偿还。鉴于大部分企业难以一次性承担全部本金偿还压力，这种方式可有效降低企业因集中还款导致的违约风险，保障贷款安全。例如，可设计本金按贷款期限平均分摊，利息随本金偿还而递减的还款计划。

风险控制非常考验银行的风险管理能力，要求银行从多方面对借款人的行为进行约束与规范，为贷款安全提供了全面且有序的保障。

7.2.5　风险承担

在银行的风险管理视野中，风险承担是企业偿债能力的核心要素之一。尽管银行可运用多种管理手段来削减或转移风险，然而不可避免地会残留一些无法消除的风险，这部分风险需银行与借款企业共同分担。银行主要依靠风险定价策略、大数法则以及风险缓释工具等来承担风险。

而借款企业的风险承担，则体现为企业主及其团队，对所处行业的透彻理解与丰富经验积累。他们凭借对行业动态、市场趋势以及宏观环境变化的敏锐感知与精准研判，在企业经营过程中积极探寻并把握有利时机，力求实现收益最大化。同时，在面对不利风险因素时，能够巧妙运用诸如优化业务结构、调整现金配置等一系列经营策略来有效规避或降低风险冲击。并且，为应对可能的风险挑战，企业还应构建完善的内部风险管理机制，例如设置关键岗位的 AB 角以保障业务连续性、维持最低现金储备量（增强流动性）以应对突发状况、制定详尽的灾备计划以应对不可抗力事件（自然灾害等）对企业运营造成的干扰。

风险承担绝非企业盲目被动地接受风险，实则是企业家精神的集中体现。对于企业而言，这是在激烈市场竞争中谋求生存与发展、创造盈利的关键路径。对银行来说，准确识别企业的风险承担能力与策略，是筛选优质借款客户、合理确定风险溢价并保障信贷资产安全的重要依据。因此，银行对企业风险承担能力与手段的深入洞察、精准评估以及持续监测，在整个金融借贷活动中具有不可替代的重要性。它不仅关乎银行自身的资产质量与经营效益，更影响着企业的融资环境与可持续发展前景，是构建稳健、高效金融生态体系的关键基石。

7.3 风险类别与应对策略

前文探讨了风险的定义，明确了企业对风险的基础认知与管理逻辑，并系统阐述了各类风险管理策略。现在，正式进入信贷报告的核心部分——风险提示及应对策略。这部分是本书最具实践价值的内容之一，因为它揭示了一个重要的信贷原则：世界上不存在绝对不可行的项目，只有风险未被充分识别或缺乏有效应对措施的项目。信贷经理的核心职责，正是通过对风险的全面梳理与精准应对，将不确定性转化为可控性，从而为银行的信贷决策提供科学、可靠的依据。

先从最粗浅的层次来认识风险的分类，常见的风险包括十大类，可分为以下三个层级：

（1）战略与外部环境风险。

这一层级风险主要关注企业的长期发展方向和外部环境的影响，涉及战略决策、市场和法律合规性。

战略风险：企业战略方向存在偏差或执行不力，导致目标无法实现。

市场风险：市场价格（如汇率、利率、大宗商品价格）波动对企业经营的影响。

法律合规风险：企业因违反法律法规或行业规范而面临的处罚或声誉损失。

（2）运营层级风险。

这一层级风险主要关注企业的日常运营和具体业务活动，涉及运营系统、人员管理和外部合作关系。

操作风险：企业内部流程、人员、系统或外部事件导致的运营系统中断或损失。

经营风险：企业管理团队能力不足或经营决策失误，导致盈利能力下降。

交易对手风险：企业在与供应商、客户等交易对手的合作中，因对方违约或经营问题导致损失。

（3）财务层级风险。

这一层级风险主要关注企业的财务状况和具体财务项目，包括资产负债表和现金流管理。

资金用途风险：企业挪用贷款资金或夸大资金需求，导致资金使用不当。

流动性风险：企业因资金链断裂，无法维持正常运营。

项目超支或延期风险：企业在建项目因预算超支或工期延误，导致成本增加或收益下降。

财务杠杆风险：企业因过度负债导致财务压力加剧，影响偿债能力。

接下来我们将系统化地识别、评估和管理这十大风险，明确其具体表现与影响，并依据风险的特征与程度，制定切实可行的应对策略，为每一个项目找到风险与收益的最佳平衡点。

7.3.1 战略与外部环境风险

战略风险

战略风险评价的意义与评价思路

银行信贷业务中，银行债务所对应的资金均有其明确的用途，这些用途旨在助力企业实现特定目标，而这些目标又嵌套于企业的战略目标体系内。企业战略的合理性及其达成的可能性，直接决定了整个目标体系的实现与否，这其中自然涵盖银行资金指向的目标，进而会对偿债能力产生重要影响。例如，若企业战略规划出现偏差，投入的项目无法收获预期效益，那么银行债务的偿还就会面临风险，这清晰地彰显出银行对企业战略风险进行分析评估的关键意义。

然而，银行信贷经理和风险管理人员由于缺乏足够的专业知识，难以直接判断企业战略的合理性。尽管如此，银行仍可采取措施来有效应对借款企业的战略风险。银行应考察企业是否遵循科学的战略制定流程与方法，包括：

- 战略环境分析，它描述了企业面临的机遇与威胁，体现了企业战略选择能力。

- 战略效能评估（主要是财务分析），它反映出企业在过往经营中把握机会的能力，体现了企业的战略执行能力。

如果企业在战略选择和战略执行这两方面，都能扎实地完成相应的流程，即使银行无法精准评判企业战略的恰当性，也能在一定程度上降低企业战略风险对贷款安全性的影响。反之，如果企业的战略制定未遵循上述程序，通常认为其战略风险较大，银行应尽可能避开这类客户，这属于风险规避策略。

此外，战略发展具有动态性。银行需要跟踪企业战略的变化，督促企业根据外部环境的变化对战略进行调整。但银行也要警惕企业随意变更战略，尤其是在重大资本性开支方面，务必充分讨论、谨慎决策，这是项目贷款风险控制的重要举措。

长期执行战略的过程中，银行需要留意企业核心资产的安全，督促企业保护好核心资产，因为一旦核心资产遭受损失，企业战略目标的达成将面临巨大挑战，这同样属于风险控制范畴。

风险管理策略——风险规避

风险规避是银行通过筛选客户或项目，主动避开高风险客户的"事前"风险管理策略。其核心逻辑在于：借款企业必须完成必要的战略分析（如战略环境分析、战略效能评估），否则银行应拒绝与其合作。具体措施包括：

（1）战略环境分析。

行业生命周期与目标消费群体：银行需结合企业所处行业的生命周期阶段，判断目标消费群体的消费量能否支撑其持续发展。在行业的成长阶段，企业可能有较大的市场拓展空间。但在成熟或衰退阶段，市场竞争激烈且需求增长有限，企业必须深入分析目标客户群体的消费趋势和规模，预测未来市场需求对销售量的影响，从而调整自身战略布局。例如，随着智能手机的普及，传统功能手机市场逐渐萎缩，若企业仍专注于功能手机生产而不考虑转型，将面临巨大风险。

上下游议价能力与竞争状况：银行需分析企业上下游议价能力、行业竞争强度、潜在进入者和替代品等因素（五力模型）。上下游议价能力直接影响企业的采购成本和销售价格。强大的供应商可能提高原材料价格，削弱企业利润空间。激烈的行业竞争可能导致价格战，降低企业销售收入。例如，在钢铁行业，铁矿石供应商的议价能力较强，若钢铁企业不能有效应对，成本将大幅上升。同时，新的竞争对手进入或替代品出现（如新型建筑材料对传统钢材的替代），都可能使企业产品的销售量和销售价格受到冲击，进而影响销售收入。因此，银行需考察企业是否全面审视这些因素，制定合理的竞争策略，同时考虑成本控制等因素，以规避潜在风险。

宏观因素影响：产业政策、宏观政策、经济发展水平、社会文化、消费者偏好、技术等外部宏观条件（PEST分析）对企业战略环境的影响不容忽视。这些宏观因素通过影响五力模型和行业生命周期中的相关要素，间接作用于企业经营。例如，环保政策趋严可能使高污染企业面临整改成本上升或限产风险。经济衰退时期，消费者消费能力下降，高端产品需求可能减少。企业战略必须与宏观环境相适应，以确保在复杂多变的外部环境中稳健发展。

在信贷报告撰写过程中，我们同样需要分析借款企业所面临的行业生命周期、上下游情况（借用五力模型）以及宏观政策（借用PEST

模型）等。这些信息一般是由信贷经理自己收集，但现实中该类信息收集难度大或成本高，性价比不佳。而通过与企业沟通其战略制定过程，信贷经理就能够高效获取大量相关有用信息。对信息进行真实性验证后，用于信贷报告中对借款企业的评价，可大幅提高性价比。这对银行和企业而言是双赢局面，既有助于银行准确评估企业战略风险，也能使企业在与银行的沟通中，进一步梳理自身战略，提升战略管理水平。

（2）战略效能评估。

以财务分析为依据：企业战略执行能力体现在过往财务数据中。从服务投资人的角度来看，衡量战略实施好坏的关键在于其能否带来满意的投资回报率。不仅要计算绝对收益率，还要与同行业对比分析资产回报率（投资回报率），明确自身优势与不足。例如，一家制造企业的资产回报率低于行业平均水平，可能暗示其在成本控制、市场拓展或资产运营效率等方面存在问题，需要进一步深入分析战略执行环节的缺陷，以便及时调整战略方向，提升竞争力，避免因战略实施不力导致的风险。

杜邦分析的应用：借助杜邦分析将资产回报率分解为销售利润率、资产营运能力等要素，有助于精准识别战略执行能力的具体优势与不足。销售利润率反映企业对市场、定价、成本及费用的控制能力。资产营运能力体现企业运用较少资产创造较高收入的水平。通过这种分解，银行信贷经理可以更系统地判断企业战略风险状况。例如，若企业销售利润率较低，可能需要关注其产品定价策略、成本管理或市场份额情况。若资产营运能力不足，可能需要考虑优化资产配置、提高生产效率等措施。若企业在战略选择与执行相关的关键环节分析到位，并能根据财务分析结果及时调整，可认定其战略风险较小或在可控范围内。

非财务因素在战略理解层面的补充：虽然财务数据是评估企业战略执行能力的重要依据，但一些非财务因素同样对战略实施效果有着深远影响。信贷经理评估借款企业制定和执行战略的能力时，可以关注以下非财务因素。

- 组织架构的灵活性：如果企业组织架构过于僵化、层级过多，可能导致战略决策传递与执行缓慢，信息沟通不畅，影响企业对市场变化的响应速度。
- 文化与战略的契合度：企业文化与战略导向的契合度至关重要。如果企业文化倡导创新与冒险，而战略却是保守型的市场维持策略，可能造成员工行为与战略目标不一致，影响战略实施效果。
- 管理层与员工的战略认同感：管理层与员工对战略的理解与执行意愿同样不可忽视。如果员工对战略目标不理解或缺乏认同感，在执行过程中可能消极对待。

非财务因素在信息获取与评估上难度相对较大，在有条件深入调查或企业出现特殊情况时，信贷经理可进一步挖掘这些非财务因素，更全面地评估企业战略风险。例如，若企业组织架构僵化或文化与战略不匹配，银行可将其视为潜在风险信号，并在风险规避策略中予以重点关注。

通过上述措施，银行可以识别出战略风险较高的客户，并主动规避这些客户，从而降低贷款风险。

风险管理策略——风险控制

银行可通过参与借款企业的管理或设置约束条件，降低贷款风险。具体措施包括：

（1）核心资源保护：确保战略目标的可持续性。

在评估战略风险时，即便企业战略选择与执行均无问题，但若其战略资源未能妥善保护，仍可能导致战略目标无法实现。例如，若企业股东背景是其重要战略资源，部分重要股东的退出可能使企业失去关键支持与资源整合能力。若企业声誉受损，将极大地阻碍战略推进，因为在市场竞争中，良好声誉是吸引客户、合作伙伴的重要因素。再如专利权、特定渠道等，这些资源可能是有形资产（反映在财务报表中）或难以识别的无形资产，若受损，将对企业战略产生重大不利影响。

银行在评估战略风险时，需重点关注以下两方面：

精准识别核心资源：银行应帮助借款企业识别哪些是达成未来重要战略目标的核心资产与不可替代资源。这是风险控制的基础。

制定保护机制：银行应督促借款企业制定并执行对核心资源的保护计划与机制。例如，若企业依赖某项专利技术，银行应要求其制定专利保护计划；若企业声誉是关键资源，银行应要求其建立声誉风险管理机制。

（2）环境响应机制。

战略风险随市场环境变化而动态演变，技术革新或政策调整都可能颠覆行业格局。例如，柯达因未能及时转型数码技术，从市场领先者变成陷入财务困境的企业。但是，如果过于频繁地调整战略，则反映企业缺乏清晰的战略方向。因此，企业需在明确核心战略定位与长期目标的基础上，平衡战略定力与战略适应性。

战略定力：实现长期目标的基石。企业在关键性投资活动和重大资本性支出决策上，必须保持谨慎和稳定。任何重大资本性支出的调整都应经过严格论证，包括采取多层级审批、风险评估和绩效跟踪等控制措施，以确保其与战略目标一致，并降低决策风险。

战略适应性：动态应对外部变化。与此同时，企业需建立战略适应性机制，通过敏锐的市场与政策监测体系，及时识别行业趋势与宏观环境变化，并在战术层面灵活调整资源配置，以支持战略目标的实现。这一机制包括环境监测、快速响应、资源优化和应急预案等关键要素，确保企业能够动态应对外部变化。

通过构建"定力为主，适应性为辅"的框架，企业能够在长期发展与短期应变之间找到最佳平衡点，从而实现可持续增长。这是银行对借款企业应大力关注的事项。

市场风险

市场风险的影响与应对难点

市场风险即为价格风险，主要包括外汇风险、利率风险以及大宗商品价格风险等。这些风险因素受复杂的市场环境因素驱动，具有高度的不确定性和不可控性，使得企业难以彻底规避或精准控制。市场供求关系引发的价格波动是市场风险的重要体现，然而并非所有价格波动都会对企业的偿债能力产生影响。这主要取决于企业的议价能力，比如企业通过提高产品价格将成本压力转移给下游客户的能力。

例如，在电缆生产行业中，主要原材料是大宗商品——铜。假设有一家企业，产品技术含量高、行业进入门槛高且产品市场需求量适中，企业下游客户体量小且分散。当面临铜价格波动时，该企业能够凭借其技术附加值和高进入门槛所赋予的较强议价能力，通过对小体量客户提高产品售价来保证利润率，从而使得市场波动不至于严重威胁其偿债能力。相反，另一家生产中低端电缆的企业，行业进入门槛低且市场需求量大。这样的行业环境会吸引众多投资者，行业竞争激烈且下游存在巨无霸型客户，导致其议价能力较弱。在铜价波动时，生产中低端电缆的企业难以通过提价来化解市场风险对偿债能力的冲击。由此可见，企业需精准判断市场风险对自身偿债能力的潜在影响，这是确定是否需要采取应对措施的核心依据，但这一判断过程因涉及多方面因素且市场环境动态变化而颇具难度。

风险管理策略——风险对冲

（1）汇率与利率风险对冲。

对于外汇风险和利率风险，可借助锁汇、互换等业务手段进行有效管理，以降低因汇率和利率波动给企业带来的不确定性与潜在损失。

（2）大宗商品价格风险对冲。

针对大宗商品价格风险，企业可采用风险对冲策略之一——套期保值策略，通过期权、期货、远期合约等金融工具锁定未来的价格或成本，从而减少或消除因市场价格波动带来的潜在损失。例如中低端电缆生产企业，由于其议价能力弱，需借助期货套期保值等手段对冲市场风险。然而，不能对所有采购业务都进行风险对冲，原因在于：一方面，风险对冲成本较高，性价比低；另一方面，合理判断原材料价格走势并趋利避害也是企业专业能力的体现。

风险管理策略——风险承担

除风险对冲策略外，企业还需结合自身情况采用风险承担策略。在充分考量成本效益和对价格走势的判断能力后，企业可以选择性承担部分市场风险。通过优化内部运营管理、提升产品竞争力等方式，企业可在市场波动中寻找平衡与机遇，应对不可避免的风险敞口[一]，从而强化其在市场风险环境下的稳健运营与偿债能力。

以一家铜材加工企业为例，其每月稳定采购铜材 1 万吨，用于生产各类高端铜质线缆，在业内具有一定的市场份额和口碑。企业拥有一支专业经验丰富的采购团队，成员均拥有深厚的行业背景和专业知识。在过往的采购交易中，采购团队对铜价走势的判断准确率较高，多次成功把握市场价格波动带来的机遇，为企业节省了大量采购成本，在业内有一定的影响力，也为企业实行稳健的风险管理策略奠定了坚实的基础。

以往，企业为了规避铜价波动风险，一直对全部采购量进行套期保值操作。然而，随着市场竞争加剧，企业发现完全套期保值虽然能够控制价格上涨风险，但也带来了很多问题。一方面，全额套期保值所需的保证金数额巨大，大量资金被占用，导致财务流动性明显受限，进而增加了企业的财务成本和资金压力。另一方面，深入分析自身优势后，企业意识到凭借其专业团队判断能力，完全可以在风险可控的前提下，更为灵活地应对铜价波动。

基于此，企业决定调整风险管理策略。在新的方案下，企业对 7000 吨铜材采购量（占比 70%）进行套期保值，通过与专业金融机构

[一] 风险敞口是指企业未通过套期保值等工具覆盖的、暴露在市场波动中的风险部分。

合作，运用期货合约锁定这部分原材料的采购成本。企业由此确保在铜价大幅上涨时，生产成本仍处于可控范围；避免因价格飙升导致生产停滞或利润大幅下滑，维持了稳定的偿债能力；也让银行等金融合作伙伴看到企业在风险管理上的稳健性。

而对于剩余的 3000 吨采购量（占比 30%），企业则选择不进行套期保值，而是利用自身团队的专业分析能力，根据铜价波动灵活决策采购时机和数量。当市场价出现短期下跌时，企业迅速抓住机会加大铜材的采购量，以低于平均成本的价格购入充足的铜材。当铜价因市场波动或其他原因上涨时，企业则审时度势，适当减少采购量。采购团队通过优化生产计划和库存管理来维持正常生产运营，同时密切关注市场动态，等待价格回落后再适时补充库存，确保企业的盈利空间和市场份额不受较大影响。

真实的采购环境中，绝大多数企业不会对全部采购量进行套期保值操作。以某电缆制造上市企业为例，它通常会将 60%～80% 的年度铜采购量通过期货操作套期保值，剩余 20%～40% 作为风险敞口。当企业风险敞口比较大时，作为银行的信贷经理，需要对企业的风险管理能力进行全面且深入的评估。信贷经理不仅要关注企业所处行业的市场环境、企业自身的财务状况、经营业绩等常规指标，更要重点考量企业管理团队的专业能力和历史表现。例如，详细分析企业团队人员的构成、专业资质、从业经验以及过往成功案例和业绩数据。通过多维度的信息收集和分析，综合判断企业是否具备足够的风险承担能力，以及应对策略是否足够有效。只有在确保企业风险可控，且具备相应能力的前提下，银行才能与企业建立稳定的合作关系，为企业提供长期金融支持和服务，共同应对市场波动带来的各种挑战。

法律合规风险

在现今复杂多变的商业格局中，法律合规风险对企业平稳运营起着举足轻重的作用。特定行业（如制药、金融、能源等）受到严格的法律监管，一旦出现违法违规行为，行业内的企业可能面临巨额罚款、资质吊销甚至刑事责任，严重影响其偿债能力和经营持续性。

以制药企业为例，其全流程（从原材料采购、研发、生产到销售）均受到各类法律法规的约束，如《药品生产质量管理规范》(GMP)、《药品注册管理办法》等。若企业在流程中出现违法违规行为，不仅可能遭受巨额罚款，还可能被吊销生产许可证，导致业务中断，进而影响其偿债能力。这清晰地凸显了法律合规风险的潜在危害和重要性，企业和银行都不应轻视法律合规风险。

风险应对策略——风险规避

银行在审批贷款前，需深度考察企业的法律合规状况，确保其符合相关法律法规的要求。为此，银行应对企业遵循法律法规的实际情况进行细致评估。这包括审查企业是否具备必要的资质证书（如 GMP 认证），以及是否存在未决的法律诉讼或行政处罚。此外，银行还应关注企业是否有良好的历史合规记录，以全面了解其法律风险状况。

如果银行发现企业存在重大法律合规问题（如缺乏必要资质、涉及重大问题的未决诉讼或行政处罚等），应拒绝提供贷款，以避免因借款企业的法律合规风险导致银行产生潜在的损失。

风险应对策略——风险控制

银行应要求企业构建科学、系统的法律合规管理体系，该体系应包括以下关键组成部分：

风险预警机制：定期监测法律法规的变化和行业动态，提前识别潜在的法律合规风险点。

风险评估流程：对各项业务活动进行合规性评估，精准衡量风险等级，确保在风险发生前有充分准备。

风险应对策略：制定切实有效的措施，确保在风险发生时能够迅速反应，降低损失。

同时，银行需审查企业为落实上述法律合规管理体系所采取的具体措施，例如：

定期开展内部合规审查：通过内部审查发现并纠正潜在的合规问题。

员工法律培训：通过培训提升员工的合规操作能力，减少人为错误导致的风险。

独立的内部审计部门：设立专门的内部审计部门，监督合规状况，确保管理措施的有效执行。

此外，银行可制定法律合规评估标准，以全面评估企业的法律合规风险。这不仅有助于银行做出更为准确的信贷决策，还能为企业提供改进合规管理的方向。

7.3.2 运营层级风险

操作风险

操作风险的定义和来源

操作风险，常被误理解为"人为操作失误带来的风险"。操作风险的英文是 operational risk，我个人认为译成"运营风险"更精准。企业运营是一个复杂系统，以技术为依托构建流程，依流程设岗位安排人员，并融入文化等元素形成完整系统，目的是产出产品或服务以获取收益。在此过程中，任何干扰该系统正常运转的因素都构成操作风险。从来源看，操作风险的影响因素可分为内部因素和外部因素。

（1）内部因素。

内部因素是指企业内部运营过程中，可能导致操作风险的原因或来源，通常与技术、流程和人员相关。

1）技术选型失误：企业在选择技术方案时，若未能充分考虑技术的适用性、稳定性或可扩展性，可能导致系统运行低效甚至崩溃。

案例：某制造企业为降低成本，选择了一款价格低廉但技术不成熟的生产设备，结果生产过程中设备频繁出故障，导致生产线经常停工，严重影响了企业的生产效率。

2）流程规划不合理：企业的业务流程若设计不合理，可能导致资源浪费、环节卡顿或效率低下。

案例：某零售企业的库存管理流程设计复杂，导致货物入库和出库效率低下，经常出现库存积压或断货现象。

3）人员能力欠缺或主观恶意行为：员工能力不足或存在主观恶意行为（如侵占、怠工等），可能导致系统运行受阻，效率降低，甚至系统瘫痪。

案例：某金融机构的一名员工因不熟悉工作流程导致操作失误，致使系统数据丢失，影响了客户的交易记录和资金安全。

（2）外部因素。

外部因素是指企业外部环境或第三方行为引发的风险，通常来源于供应商、客户、不可控事件和外部犯罪四个方面。

1）供应商问题：供应商提供的产品或服务质量不达标，或供应中断，可能直接影响企业的正常运营。

案例：某电子产品制造企业因供应商提供的原材料质量不合格，导致生产线停工，无法按时交付订单。

2）客户纠纷：产品交付后因质量问题或服务不到位，可能引发客户纠纷，导致企业声誉受损或产生经济损失。

案例：某餐饮企业因食品安全问题被客户投诉，导致品牌声誉受损，客流量大幅下降。

3）不可控重大事件：如恐怖袭击、自然灾害、宏观政策变动等不可控事件，可能对企业的运营稳定性造成重大冲击。

案例：某旅游企业因突发自然灾害（如地震）导致其所营运的景区关闭，游客数量锐减，企业收入大幅下降。

4）外部犯罪（如欺诈和盗抢）：外部犯罪分子可能通过欺诈、盗窃、抢劫等手段对企业财产、数据或声誉造成直接损害。

案例：某零售企业因遭遇网络诈骗，导致资金损失。某物流企业因货物在运输途中被盗，造成经济损失和客户信任度下降。

不同行业的操作风险特征各异。例如，制造业企业的设备故障可能导致生产线停工，影响产品交付，操作风险管理侧重生产流程稳定与设备故障防范。而金融行业员工操作失误可能导致客户资金损失，或系统安全问题可能引发数据泄露，操作风险管理则更关注人员操作合规与系统安全。这些差异反映了不同行业在运营过程中面临的核心风险点，企业需根据自身行业特点制定有针对性的风险管理策略。

风险管理策略——风险规避

高风险业务领域：高风险业务领域往往伴随着更高的操作风险。例如，复杂的金融衍生品交易需要高素质的员工、先进的交易系统和严格的风险控制流程。如果资源有限的小企业涉足此类业务，可能因技术选型失误、流程设计不合理或人员能力不足，导致操作风险失控，进而引发重大损失。因此，规避高风险业务领域不仅是一种战略风险管理策略，也能有效降低操作风险发生的概率。

供应商筛选：企业应对供应商进行严格筛选，拒绝与高风险供应商合作。供应商的可靠性直接影响到企业的运营稳定性。如果供应商存在财务问题、信誉问题或合规问题，可能导致供应链中断或产品质量问题，进而对企业造成损失。因此，选择低风险供应商是规避外部操作风险的重要手段。

在技术领域，技术供应商的选择尤为重要。技术风险不仅源于选择了不恰当的技术方案，还可能源于选择了不恰当的技术供应商。例如，技术供应商的能力不足或服务质量差，可能导致系统故障、开发延迟或安全问题，直接影响企业的运营效率和数据安全。因此，企业在选择技术供应商时，应重点关注其技术能力、服务质量、合规性和财务稳定性。

选择低风险供应商不仅是规避外部操作风险的重要手段，也是规避内部技术风险的重要手段。通过严格筛选技术供应商，企业可以有效降低外部供应链风险和内部技术风险，确保技术方案的顺利实施和运营系统的稳定运行，从而全面提升企业的风险管理能力。

风险管理策略——风险控制

流程优化与监督：检查企业是否建立了流程优化机制与监督体系，例如是否开展定期内部控制审计并有效整改。审计发现问题的整改率等数据指标可直观反映成效。这一策略关注的是企业内部的流程管理，即通过优化流程和监督机制降低操作风险。

人员素质提升：检查企业是否重视人员素质提升，通过培训、教育与激励政策减少人员因素导致的风险。可关注培训频率、培训后考核通过率等指标。这一策略关注的是企业内部的人力资源管理，即通过提升人员能力降低操作风险。

风险管理策略——风险转移

保险工具：审视企业是否借助保险工具（如财产损失险、产品责任险等）转移潜在损失。这一策略关注的是企业外部的风险分担，即通过保险工具将风险转移给保险企业。此外，内部因素中，由员工行为导致的风险损失也可以通过购买相应的保险（如雇主责任险、职业责任险等）来化解。

风险分担协议：审视企业是否与合作伙伴签订风险分担协议，共担风险。这一策略关注的是企业外部的合作关系，即通过协议将部分风险转移给合作伙伴。

风险管理策略——风险保留

银行应考量企业是否建立了应急现金或备用金制度，以便在风险发生时能够自我消化并维持运营，例如在灾难救急时提供必要的财务支持。

对企业操作风险管理的评估并非静态,需持续跟踪。随着企业内外部环境不断变化,新的技术、法规、市场竞争态势等会催生新的操作风险,企业需动态调整风险管理策略。信贷经理在评估过程中也应关注企业的动态适应能力,确保其能够及时应对新的风险挑战。

经营风险

经营风险指企业在运营中,因内外部因素干扰,致使经营结果偏离预期,给企业带来损失或收益的不确定性,是较早被认识到的风险类型。起初,人们对风险的认知局限于意外导致的财产损失。随着企业规模扩张和财产种类增多,人们对风险的理解更加深入,意识到风险判断的关键不仅在于财产损失,还在于对经营结果的影响。由此,经营风险的概念诞生,为宏观层面的风险认知提供了重要基础。

然而,经营风险涵盖范围广泛,管理难度较大。影响企业经营的风险因素众多,如市场动态、产品定位、客户理解、政策法规、人力资源等。为了更有效地管控经营风险,人们将其细分为市场风险、流程风险、法律合规风险等类别。尽管如此,经营风险这一概念仍被保留,因为它有助于从整体和宏观角度把握企业的风险状况。

我们这里讨论经营风险时,仅关注管理层能力不足对经营结果的影响。

风险应对策略——风险规避

当管理层能力不足引发经营风险时,更换管理层是一种有效的规避策略。信贷经理在评估借款企业新的管理层时,需重点关注其专业能力,避免因借款企业录用胜任能力不足的管理人员而导致经营失败,从而给银行带来风险。例如，科技企业的新管理层应具备技术前瞻性和市场洞察力。

同时，信贷经理还需审查企业是否制定了详细的过渡方案，包括交接流程和文化融合措施，以确保新管理层顺利融入团队，降低人员更替带来的风险冲击。例如，某科技企业因原 CEO 技术背景不足，未能及时把握技术变革方向，导致企业竞争力下降。董事会决定更换 CEO，新任 CEO 具备深厚的技术背景和市场洞察力。但初期因文化融合存在问题，导致团队效率下降。这一情况充分凸显了管理层更替中过渡方案的重要性。

如果企业管理层能力不足且没有制定完善的管理层更替计划，或企业缺乏应对文化融合问题的具体措施，信贷经理应慎重考虑是否发放贷款，以规避潜在的风险。只有在确认新管理层能够有效提升企业运营能力和风险管理水平，并且过渡方案完善的情况下，才可继续推进信贷审批流程。

风险管理策略——风险控制

如果企业暂时无法更换管理层，可通过以下措施提升管理层的综合能力，降低经营风险。

首先，管理层应深入一线，收集消费者的直接反馈，并联合专业调研机构拓宽数据来源，精准把握市场走向，为产品优化和营销策略调整提供科学依据。例如，某食品企业的管理层定期走访超市、餐厅等销售终端，与消费者面对面交流，了解他们对产品的真实意见。同时，企业引入专业市场调研机构，将一线反馈和调研数据相结合，重新定位产品，成功打开了新的市场。

其次，企业应构建高效沟通平台，例如使用项目管理软件，明确各部门的职责和协作流程，减少沟通障碍。同时，可引入外部咨询团队梳理运营体系，优化内部流程，提升整体执行力。例如，某制造企业通过引入外部咨询团队，优化了生产与销售部门的协作流程，显著提高了运营效率。

此外，企业还可通过培训和绩效考核机制提升管理层的市场分析能力、决策能力和内部管理能力。例如，某零售企业通过引入外部培训机构和绩效考核机制，逐步提升了管理层的综合能力，成功应对了市场竞争。

信贷经理需详细分析借款企业是否采取了恰当的风险控制措施。

交易对手风险

交易对手风险主要体现在预付账款和应收账款的管理上。预付账款是企业提前支付款项给供应商，若供应商因经营不善、信用问题或不可抗力无法履约，企业的预付款项将面临损失，直接影响资产安全。而应收账款则是企业给予下游客户的信用期限，若客户因市场竞争失利、财务恶化或恶意拖欠未能按时付款，企业的现金回笼将受阻，可能导致日常运营中断、偿债能力下降，甚至引发资金链断裂的危机。

风险应对策略——风险控制

（1）构建严谨的交易审批与核查体系。

预付账款管理：在支付预付款前，企业需对供应商进行全面评估，包括资质、经营历史、市场口碑、财务状况等。例如，通过分析供应商的财务报表判断其财务稳定性，或通过行业调研了解其市场份额和竞争力。基于评估结果，合理确定预付款的额度、支付方式和时间节点，确保资金安全。

应收账款管理：在与客户签订赊销协议前，企业应建立严格的信用审批流程。通过信用评级机构报告、银行信用记录、合作历史等渠道评估客户信用状况，确定赊销额度、信用期限和收款方式，从源头降低应收账款风险。

（2）强化信息记录与精细化管理。

预付账款管理：企业需建立完善的预付账款信息记录，详细记录每笔预付款的支付对象、金额、时间、合同编号、货物描述、交付日期及验收标准等关键信息。同时，企业需妥善保存相关原始凭证（如采购合同、付款凭证、发票等），确保交易过程可追溯、可核实。

应收账款管理：企业需构建精细化的应收账款信息管理机制，记录每笔销售交易的详细信息（如销售日期、产品规格、数量、金额、客户信息、信用期限等）；定期进行账龄分析，将应收账款按账龄段（如30天以内、31～60天、61～90天、90天以上）分类统计，计算各账龄段占比，直观反映应收账款回收情况及潜在风险；借助ERP系统或财务管理软件，实现数据的实时更新和分析，为管理层提供决策支持。

（3）持续跟踪与动态监控机制。

预付账款管理：支付预付款后，企业需持续跟踪供应商的履约情况。通过定期沟通、现场考察或第三方监督，核实货物的生产进度、发货安排及质量控制。若发现供应商出现生产延误、质量问题或财务困境等风险迹象，应立即启动预警机制，采取调整交付计划、追加担保或暂停付款等措施，必要时通过法律手段追回预付款。

应收账款管理：在信用期限内，企业需动态监控客户的经营状况。通过电话回访、邮件沟通或定期拜访，了解客户的财务健康度、市场表现及付款意向。在应收账款到期前，提前发送付款提醒，确认客户的付款安排。若账款逾期，应根据逾期时长和客户情况采取分级催收策略：先通过友好协商制定分期收款计划，若协商无果，可委托专业催收机构介入。对于恶意拖欠或高风险客户，应果断采取法律诉讼手段，并申请财产保全，最大限度减少损失。

7.3.3 财务层级风险

资金用途风险

借款企业存在资金用途方面的风险，主要包括以下三种情况：

虚构资金用途：企业谎报资金用途，从银行套取资金后用于高风险业务。

夸大资金需求：企业虽存在真实借款用途，但故意夸大资金需求量，变相多套取银行资金。

挪用贷款资金：企业将贷款资金用于置换股东投资，导致资金用途与贷款申报用途不一致。

企业虚构资金用途或夸大资金需求时，资金可能未形成企业对应的资产，或形成了高风险且银行监控不到的资产，银行无法掌握资金去向和用途，贷款的安全性受到严重威胁。

当企业将贷款资金用于置换股东投资时，企业负债增加而权益减少，导致负债率显著上升，使企业面临更大的利息负担和偿债压力。企业若现金流不足，可能无法按时偿还贷款。同时，高负债率降低了企业的抗风险能力，使其在面对市场波动或经营困境时更加脆弱。这种财务结构的变化会显著增加企业的财务风险，进而对银行的贷款安全构成威胁。

风险应对策略——风险规避

风险规避是指银行通过避免高风险的行为或业务，从根本上消除风险。具体策略包括严格筛选客户，即在贷款审批阶段优先选择信用良好、经营稳健的企业，避免与高风险客户合作；明确禁止贷款资金用于高风险业务（如股票投资、期货交易）或违规用途（如置换股东投资）。若发现企业存在虚构资金用途或挪用贷款资金的行为，立即终止合作并收回贷款。例如，某银行在贷款审批中发现一家企业计划将贷款资金用于股票投资，果断拒绝其贷款申请，避免了潜在的高风险。

风险应对策略——风险控制

核定资金用途与额度：深入调查企业的生产经营情况，核实资金需求的真实性和合理性。通过现场考察、财务报表分析等手段，确保资金用途真实且额度合理。

执行受托支付：将贷款资金直接支付给借款企业的资金支出对象（如供应商或承包商），防止资金被挪用。例如，在设备采购贷款中，银行直接将资金支付给设备供应商。

账户监控与资金流向跟踪：对借款企业及其关联企业的账户进行实时监控，确保资金流向符合申报用途。若发现资金回流或流向高风险领域，立即采取风险控制措施。

定期审查与专项检查：定期核查企业的资金使用情况，核实资金是否用于申报用途。通过检查采购合同、发票、付款凭证等资料，确保资金用途合规。

流动性风险

流动性是企业能够持续经营的一个关键因素。许多企业倾向于将所有现金转化为物资，类似于个人投资者满仓操作股票，试图追求效益最大化（参见刘元庆《信贷的逻辑与常识》）。然而，市场的波动性使得现金一旦转化为物资，就可能面临变现困难的局面。即便在较为乐观的情况下，物资转化为现金也需要一定时间，而企业的日常运营支出却是持续不断的。

当企业手中缺乏足够现金维持开销时，便陷入了流动性风险。从历史经验来看，众多企业破产时仍有盈利，但往往因流动性问题导致资金链断裂。这些企业账面上虽有利润，但由于过度投入资产，现金储备不足，无法应对短期的现金需求，最终走向倒闭。这一现象清晰地显示出流动性风险对企业生存的重大威胁，也凸显了合理管控流动性风险的必要性。

风险管理策略——风险控制

（1）现金储备。

企业必须在账面上预留一定数量的现金[○]，这是保障企业日常运营正常进行的关键。确定现金数量的核心在于，要能够覆盖一个现金周期内的所有必要开支。现金周期指的是从现金流出到回流的时间段。假设现金周期为60天，这意味着在这60天内没有现金流入，企业的

○ 这里指广义的现金，包括现金、银行存款、可立即兑换为现金的短期票据等。

运营支出完全依赖账面上现有的现金。因此，账面上的现金需足以覆盖这 60 天内所有必要开支。

需要注意的是，在实际运营中，虽然通过应收账款周转天数、存货周转天数、应付账款周转天数等计算得出的现金周期为 60 天，但实际现金流动并非理想化地到第 60 天才有现金回流，而是断断续续，每隔三五天会有少量现金流入，但流出量往往更大。

更为关键的是，市场环境复杂多变，充满不确定性和波动。受市场供需变化、客户信用风险、行业竞争加剧等因素影响，即使理论上现金周期为 60 天，也无法确保现金按时足额回流。此外，各种不可预见的风险（如供应链中断、突发的成本增加等）会导致现金开支波动，进一步加大流动性管理的挑战。因此，仅预留现金周期内必要开支的现金尚不足够。为了有效应对这些不确定性，企业应在理论基础上适当增加预留的现金量。这不仅能维持企业在突发情况或短期现金紧张时的正常运营，也是向债权人，尤其是银行展示偿债能力的重要信号，有助于提升企业的信用形象。

（2）现金留存与结算。

企业在借款银行开设账户，并依据借款金额在总借款中的占比，在账户中留存相应比例的存量现金用于结算。贷后过程中，银行可通过跟踪其账户的现金流向，监控企业的经营活动。

具体而言，企业的开支通常与稳定的业务项目相对应，而维持账户内规定比例现金所需的收款，往往来源于稳定的客户。通过跟踪这些稳定收支项目的交易对手，银行能够深入了解企业业务往来的稳定性，从而评估企业生产经营的稳定性。这种动态的监控机制，不仅确保了企业当前有足够的现金用于日常运营，还能让银行对企业未来现金状况有清晰的了解，提前预判可能出现的流动性问题。

（3）多元化融资渠道。

企业还应积极拓展多元化的融资渠道，以便在紧急情况下能够迅速获得资金支持，解决流动性危机。例如，企业应与多家金融机构建立合作关系，提前规划好备用的信贷额度。企业也可探索发行债券、引入股权融资等方式，增强自己在资本市场上的融资能力。当企业面临突发的流动性风险时，这些多元化的融资渠道可以成为企业的"救命稻草"，帮助企业迅速补充资金，渡过难关，维持正常的生产经营秩序，进一步提升企业应对流动性风险的韧性。

项目超支或延期风险

在企业资产负债表相关风险探讨中，从保障债权人偿债能力视角来看，项目超支或延期风险不容忽视，尤其针对在建工程项目，其对企业产品供应能力影响重大。

项目超支风险

预算编制缺陷：企业项目启动时，预算未充分考虑市场波动、技术更新等因素（如原材料价格受行业周期影响上涨、新技术应用使建设成本增加），引发资金缺口，进而影响偿债资金安排。

项目变更影响：建设中的设计变更、工艺调整等情况，导致产生额外的费用。例如，建筑项目因功能升级改变结构，相应材料和施工成本上升，造成项目超支。

项目延期风险

外部干扰因素：环保政策升级、恶劣天气、施工技术难题及质量问题等，会阻碍施工进度。像制造业项目因环保要求停工整改，会耽误工期。

资金链危机：项目超支未及时解决资金问题，使资金链紧张甚至断裂，导致项目无法按时完工，错过市场机遇，削弱了企业的预期收益与偿债能力。

风险应对策略——风险控制

企业应建立基本的预算制度，确保对项目成本有初步的规划与把控。例如，在项目启动前，应详细评估市场波动、技术更新等因素，预留一定的预算空间。

同时，设立风险预警机制，实时监控项目成本与进度，当出现超支或延期迹象时，及时启动应对方案。例如，当成本超支达到一定比例（如10%）或工期延误超过预定时间（如1个月），自动触发风险预警，企业管理层介入评估并调整策略。

风险应对策略——风险转移

针对项目建设期间可能遭遇的自然灾害、意外事故等财产损失风险，企业可购买工程保险，将部分风险转移给保险企业，降低自身损失风险。在与供应商、施工单位签订合同时，明确工期、质量、价格等关键条款以及违约赔偿责任，通过合同约定转移部分因对方原因导致的风险。

财务杠杆风险

企业家为追求高回报常有投资扩张的内在冲动。在扩张所需资金的筹集上，主要途径有股权融资和债权融资两种。然而，股权融资面临诸多困难，过程复杂且耗时更长。从社会整体融资规模的宏观角度观察，债权融资的规模远远大于股权融资。基于现实状况，企业家大多倾向于选择债权融资方式来推动企业的扩张行为，这就导致了企业负债冲动的产生。

随着企业负债的增加，在资产负债率的指标体系中，负债占比相应升高，进而推动杠杆率上升。杠杆在企业经营中犹如一把双刃剑，企业处于良好发展态势时，较高的杠杆率能够放大收益，显著提高股权人的投资回报率。但倘若企业经营不善陷入困境，杠杆则会反向作用，加剧企业的财务压力，严重削弱企业的盈利能力，使企业面临更大的经营风险。

尽管企业经营存在不确定性和风险，股东投资人仍然愿意承担风险，其根源在于他们内心对高风险高回报的潜在预期。即使在市场行情下滑阶段，企业股权价值可能遭受损害，但股权投资人往往秉持乐观态度，倾向于相信良好的发展前景能够弥补当下的风险损失，这种乐观预期使得他们在面对风险时依然选择支持企业的扩张策略。

风险应对策略——风险控制

（1）精准评估企业的真实资产负债率。

首先要全面调查企业的债务情况，不仅包括报表内的负债，还需将民间借贷等表外负债纳入考量，以确定企业真实的资产负债率。这是衡量企业财务杠杆风险的基础，因为许多企业可能存在未完全披露的负债。若仅依据报表数据评估，会严重低估其财务杠杆风险。为全面了解债务情况，需通过其他途径获取信息，例如，与借款企业上下游供应商、合作伙伴交流，以及调查借款企业对外担保情况等。

（2）细致研判企业偿债能力。

考察经营活动现金流状况：银行需重点关注企业的经营活动现金流是否稳定且充足。稳定的经营活动现金流是企业偿还债务的重要保障。若企业的经营活动现金流持续为正且能够覆盖债务利息支出，甚至能够逐步偿还本金，说明企业具备一定的内生偿债能力，即使资产负债率较高，其风险也相对可控。相反，如果企业的经营活动现金流长期不足，主要依靠借新债还旧债来维持运营，那么其财务杠杆风险将显著升高。在这种情况下，银行在决策是否放贷时需格外谨慎。

评估抵质押物等偿债保障措施：当企业的经营活动现金流不够理想时，银行需审视其是否拥有优质的抵质押物。优质抵质押物可以在企业出现偿债困难时，为银行提供一定的资产保障，降低贷款损失风险。例如黄金、高流动性的证券、优质地段的房产和土地使用权等，都可作为重要的考虑因素。同时，要准确评估抵质押物的市场价值、产权明晰程度以及变现难易程度等关键要素，确保其能够有效保障贷款安全。

（3）审查项目资金监控措施。

对于企业特定项目的融资需求，银行应要求企业制定并实施严格的项目资金监控方案。这包括对项目资金的专款专用、按进度合理拨付、定期审计等方面的详细规定和有效执行机制。通过严格的资金监控，确保贷款资金用于预期的盈利项目，避免资金被挪用，提高项目成功实施的概率，从而增强企业的偿债能力，降低因项目失败导致的财务杠杆风险。

总之，银行在评估财务杠杆类风险时，需精准评估企业的真实资产负债率，细致研判其化解高负债风险的能力（如经营活动现金流、抵质押物等），并审查项目资金监控措施。只有在全面、准确地评估企业财务杠杆风险的基础上，结合有效的风险防范措施，银行才能谨慎决定是否为企业提供贷款。

7.4 风险关联性

7.4.1 从表面风险到隐藏风险的全面分析

在企业运营中，各类风险并非孤立存在，而是相互关联、相互影响的。信贷经理理解风险之间的关联性，有助于从整体视角出发，制定更有效的风险管理策略。以下是几类主要风险之间的关联性分析举例，按照从表面风险到实质风险再到隐藏风险的逻辑链条逐步展开。

👆 **案例一**

表面风险——流动性风险：某制造企业资金链紧张，无法按时支付供应商货款和员工工资。

深入分析：

实质风险：战略风险（盲目多元化）

企业管理层制定了"多元化发展"战略，盲目进入房地产行业，但缺乏相关经验和资源。

企业未充分评估房地产行业的风险（如政策变化、市场需求波动），导致资金分配不合理。

隐藏风险：资金用途风险

为了掩盖资金链紧张的问题，企业可能通过虚构资金用途（如谎称资金用于设备采购，实际用于房地产项目）来"美化"财务报表。

👆 案例二

表面风险——市场风险：某出口企业因汇率波动导致盈利能力下降。

深入分析：

实质风险：战略风险（市场集中度过高）

企业过度依赖单一市场（如美国市场），管理层未能及时开拓多元化市场或采取有效的汇率波动对冲措施。

隐藏风险：流动性风险

如果盈利能力持续下降，企业可能面临现金流不足的问题，进而引发资金链断裂的风险。

👆 案例三

表面风险——操作风险：某企业因采购流程不规范，导致原材料供应中断。

深入分析：

实质风险：交易对手风险

企业选择了信用较差的供应商，导致供应不稳定。

隐藏风险：经营风险（管理层管理能力不足）

管理层对风险管理的重视不足，未能建立有效的内部控制体系，进一步加剧了资金损失和运营中断的风险。

案例四

表面风险——法律合规风险：某制造企业因未通过环保认证被罚款并中止生产。

深入分析：

实质风险：操作风险

企业环保设施采用的技术不达标，无法满足新政要求。

隐藏风险：市场风险

生产中止导致客户流失，市场份额下滑，进一步影响企业的长期盈利能力。

案例五

表面风险——项目超支风险：某企业在建工程因预算不足导致资金链紧张。

深入分析：

实质风险：市场风险

原材料价格大幅上涨，导致项目成本超出预算。

隐藏风险：财务杠杆风险

企业不得不通过借款来填补资金缺口，导致负债增加，偿债压力上升。

以上案例展示了风险之间的关联性，从表面风险到实质风险再到隐藏风险，层层递进，揭示了风险传导的复杂性和多样性。实际工作中还可能涉及更多维度的风险传导与叠加。例如，政策风险可能引发市场风险，进而可能演变为流动性风险，甚至触发信用风险。信贷经理需保持敏锐的风险意识，结合具体场景，深入分析风险之间的潜在联系。

接下来介绍风险关联性分析在实际工作中的应用场景和作用。

7.4.2 风险关联性分析的应用场景和作用

更全面的风险评估

通过关联性分析，信贷经理能够识别潜在的风险传导路径。例如，某企业表面上面临法律合规风险（如未通过环保认证被罚款），但通过关联性分析发现其背后可能隐藏操作风险（如技术落后不达标）。这种方法可帮助信贷经理在评估贷款时，能够从整体的角度进行风险评估。在有效应对表面风险的同时，从更高的维度看到影响风险的根本要素，并在此基础上建立全面的风险认知。采取风险管理策略时，既要治标也要治本，这样才能更好地实现风险的有效管理。

更精准的风险预警

风险关联性分析帮助信贷经理提前发现潜在风险信号。例如，某企业表面上面临市场风险（如原材料价格波动导致成本上升），但通过关联性分析，信贷经理发现其背后可能隐藏交易对手风险（供应商单一且履约能力较差）。如果这一问题未能及时解决，可能进一步引发操作风险（如供应链中断导致生产停滞，订单无法按时交付，客户满意度下降，收入减少）。通过这一分析，信贷经理可以提前要求企业优化供应链管理，建立多元化的供应商体系，从而降低潜在风险。这种从表面风险到实质风险再到隐藏风险的逻辑链条，不仅能帮助信贷经理更精准地识别风险信号，还能为企业提供有针对性的风险管理建议。

更科学的信贷决策

通过关联性分析，信贷经理能够更科学地权衡风险与收益。例如，某企业盈利能力强，但关联性分析显示其高盈利依赖于高风险投资（如股票投资）。信贷经理因此会更谨慎地评估贷款方案，避免潜在损失。

更有效的贷后管理

风险关联性分析帮助信贷经理在贷后管理中更有效地监控企业的风险变化。例如，某企业在贷款后因市场环境变化面临市场风险，信贷经理通过关联性分析预见到该企业可能面临流动性风险，提前要求企业增加抵押物或调整还款计划。

更清晰的报告撰写

在信贷报告中融入风险关联性分析，能够使报告内容逻辑更加清晰、结构更加严谨。例如，信贷经理在撰写报告时，通过关联性分析将企业的战略风险、市场风险、流动性风险等有机结合起来，形成一个完整的风险分析框架。

更高效的客户沟通

风险关联性分析帮助信贷经理在与客户沟通时，更清晰地解释风险来源和传导路径。例如，信贷经理可以向客户解释，企业过度集中于某个特定市场（如以美元结算为主的美国市场），当该市场货币汇率剧烈波动（如美元大幅贬值）时，就会给企业造成严重的市场风险。而市场风险的加剧（如汇率损失），则可能进一步导致流动性风险（如现金流不足）。为此，信贷经理可以建议客户，通过锁定汇率或开拓多元化市场来降低汇率波动带来的市场风险，从而避免流动性风险的恶化。客户认识到风险传导的路径，因此更愿意配合银行的风险管理要求。

更系统的风险管理能力提升

通过不断分析风险关联性，信贷经理能够逐步建立系统的风险管理思维。例如，信贷经理可以在日常工作中积累风险关联性分析经验，建立自己的风险管理方法论，未来在面对类似风险时能够快速识别并采取有效措施。

CHAPTER 8
第8章

第二还款来源

8.1 第二还款来源的定义和意义

在信贷业务中,第二还款来源起着至关重要的作用。当第一还款来源,也就是借款企业自身创造的现金流,不足以偿还借款的本金和利息时,第二还款来源作为替代就显得尤为关键。通常,第一还款来源出现偿付能力不足,是由某个特定的风险引发的。所以,在选择第二还款来源时,必须确认第二还款来源能够规避影响第一还款来源的特定风险。本质上,就是信贷报告中针对借款企业做了风险提示,并制定了相应的防范措施后,借款企业仍然出现了违约。这个时候,第二还款来源能够成为填补偿债能力缺口的关键支撑,这也是第二还款来源存在的核心意义。

《巴塞尔协议Ⅲ》指出,使用合格的保证和抵质押等信用风险缓释技术后，资本要求比未使用这些技术的要低。不过，从不良贷款处置经验来看，抵押贷款的受偿率多在30%～70%，保证贷款的代偿难度更大，历史受偿率平均不到20%（参见刘元庆《信贷的逻辑与常识》）。这清晰地揭示了第二还款来源的局限性，所以银行决策的逻辑是在确保第一还款来源稳健的基础上，精心设计第二还款来源。第二还款来源的设计遵循三个原则，分别为"选得准、还得上、争得赢"。

8.2 三个原则

8.2.1 选得准

设备作为抵押物，通常不被认为是理想的第二还款来源。常识告诉我们，设备的变现能力差。但这其实只是表象，真正的原因在于设备的价值波动与借款人的经营风险高度相关。

以钢铁制造行业为例，2008年次贷危机后，中国出台经济刺激计划，钢铁行业产能不足，生产线设备一度成为抢手货，这种设备的变现能力显著提升。然而，这种变现能力的提升是短暂的，且与市场环境密切相关。当市场繁荣时，钢铁生产企业的经营现金流充足，设备作为第二还款来源看似可靠，但实际作用有限，因为第一还款来源（经营现金流）已足够覆盖还款需求。而当市场下行时，企业经营困难，第一还款来源偿债能力不足。但同时设备的价值大幅缩水，甚至难以变现，作为第二还款来源难以奏效。

这种现象揭示了设备作为第二还款来源的核心问题：其价值波动与第一还款来源（经营现金流）的风险波动高度一致。因此，选择第二还款来源的关键在于，其价值波动应与第一还款来源的波动不一致，甚至反向波动。例如，如果借款人是钢铁企业，其经营风险与钢铁市场波动高度相关，那么选择与钢铁市场无关的资产（如房地产或国债）作为第二还款来源，就能更好地分散风险。

👆 案例：风险对冲的逻辑

为了更好地解释风险对冲的逻辑，这里通过一个虚拟案例来加以说明。假设有两家企业，一家是卖雨伞的企业 A，一家是卖遮阳眼镜的企业 B。当两家企业都需要贷款时，如果各自用自己的设备做抵押，显然是不合适的。因为雨伞企业 A 的经营状况在雨季较好，而遮阳眼镜企业 B 则在晴天盈利更多，它们各自的设备作为抵押物与自身经营风险波动一致。

然而，如果让雨伞企业 A 用其设备为遮阳眼镜企业 B 的贷款做抵押，遮阳眼镜企业 B 用其设备为雨伞企业 A 的贷款做抵押，情况就不同了。因为遮阳眼镜企业 B 的经营在雨天不利，而雨伞企业 A 的情况刚好相反。这样企业 A 和 B 的第二还款来源就与第一还款来源的风险波动不一致，实现了较好的风险对冲。这体现了"选得准"的原则，即抵押物的风险应与第一还款来源的风险波动呈反向或者两者的波动尽可能不一致。

担保人选择的严苛性

担保人的选择相较于抵质押物，对风险识别的要求更为严苛。这是因为担保人没有与借入资金对应的资产来保障还款，一旦代偿，自身经营将遭受严重冲击。而且担保人财产未做抵质押登记，法律执行难度更大。因此，在选择担保方式时，应谨慎考虑担保人的情况，尽量优先选择可靠的抵质押物。

但如果只能选择担保方式，由于人保无法像物保那样，找到像大额存单、国债等风险波动小的第二还款来源，因此必须加强识别第一还款来源的风险，并在此基础上找到与该风险波动不一致的担保人。

以联保模式为例，在市场形势良好时，借款人经营不善多因个人能力问题，联保能起到一定的风险分散作用。但在市场风险成为主导因素，行业内经营者普遍受影响时，联保的有效性就会大打折扣。因此，化解市场风险，就不能让同行业的经营者承担第二还款来源的角色。

👆 案例：担保人选择的精准性

某购物中心内的一个娱乐设施经营者A，计划贷款600万元购买新设备，欲找其大伯做担保人。A的大伯是所在城市多个购物中心娱乐设施的所有人，也是行业内实力最强的经营者，经验丰富且财力雄厚。然而，银行在确定A的大伯是否为合适担保人时，需先明确第一还款来源面临的风险。

银行通过分析，发现风险来源是该城市即将新建一座大型主题公园。该主题公园的建立将对全市购物中心的客流量产生分流，影响娱乐设施经营。由于A的大伯的经营也可能受冲击，因此大伯并非理想的第二还款来源。反之，若借款人A面临的风险来源是自身经营经验不足可能导致经营不善，那么大伯凭借其丰富的行业经验和稳定的经营状况，能够在借款人A出现还款困难时，提供有效的资金支持，成为较好的第二还款来源。

以上分析充分体现了在选择第二还款来源时，精准判断其与第一还款来源风险关联的重要性，务必确保第二还款来源能有效应对第一还款来源面临的风险，而不是与之同向波动。

8.2.2 还得上

当第一还款来源出现风险导致借款人无法偿债时，第二还款来源必须能够足额覆盖债务本息。理想状态下，第二还款来源的价值波动应与第一还款来源相反，即当第一还款来源因风险出现价值下跌时，第二还款来源的价值上升且流动性增强，从而更好地实现偿债功能。但在现实中，这种完全反向波动的资产较难寻觅。因此，退而求其次，合理的选择通常是价值相对稳定且流动性稳定的抵质押物或担保人。

适用范围

价值的稳定性与资产的适用范围密切相关。适用范围越广的资产，其价值通常越稳定。例如，货币是适用范围最广的资产，能够换取几乎所有可交易的物品，因此其价值最为稳定。相比之下，房地产的适用范围虽广，但仍不及货币广泛，因此其价值稳定性也稍逊一筹。而小众艺术品的适用范围则非常有限，市场需求和交易渠道都较为狭窄，因此其价值波动较大，稳定性较差。

适用范围不仅影响资产价值的稳定性，还直接决定了其变现能力。适用范围广的资产通常具有更高的流动性和更短的变现周期，而适用范围窄的资产则可能面临变现困难。

以房地产为例，根据行业研究报告，在过去十年间，一线城市核心地段的商业房产抵押在偿债时，平均变现周期为3~6个月，价值损失率控制在10%~20%，较好地满足了"还得上"的原则。相比之下，某些非标准化的债权类资产，由于适用范围较窄，在市场波动较大的年份，变现周期长达一年以上，且价值损失超过50%（参见刘元庆的《信贷的逻辑与常识》）。

可分割性

资产的可分割性也是影响其价值稳定性的重要因素。越容易分割的资产，其价值越稳定。例如，货币可以轻易兑换成不同的面额，满足不同交易需求，因此其价值稳定性极高，流动性没有缺陷。房地产虽然可以分割成不同单元（如公寓、商铺等），但分割过程复杂，且分割后的单元价值可能受到市场供需影响，因此其价值稳定性相对较低，流动性有一定缺陷。而小众艺术品通常难以分割，其价值稳定性和流动性更差。

税费等费用的影响

税费对抵质押物的可变现净值会产生不同程度的影响，进而影响资产价值的稳定性。在实际评估资产价值和偿债能力时，需充分考虑这些税费区间变化带来的影响。

假设一处工业厂房抵押物评估价值为1亿元，原始成本为3000万元，变现折扣率为30%（假设税费计算不受变现折扣影响）。在评估其价值稳定性时，需充分考虑各类税费的影响，进而计算可变现净值。

土地增值税：土地增值税依据土地增值额计算，实行四级超率累进税率，税率为30%~60%。此工业厂房增值额 = 10 000万元 −

3000万元=7000万元，增值率=7000万元÷3000万元×100%≈233.33%，超过扣除项目金额200%，适用税率为60%，速算扣除系数为35%。则土地增值税=7000万元×60%－3000万元×35%=4200万元－1050万元=3150万元。土地增值额受土地取得成本、开发成本、市场价格波动等因素影响。在房地产市场繁荣时，土地增值迅速，增值额大幅增加，适用税率可能从较低区间提升到更高区间，土地增值税随之大幅增加，导致资产可变现净值降低，极大地影响了价值稳定性。反之，在市场低迷期，增值额减少，土地增值税税额下降，可变现净值相对上升。

增值税及附加：增值税按资产交易额计算，税率因地区和资产类型而异，一般为3%~13%。附加税通常为增值税的12%左右。假设该工业厂房为一般纳税人且在2016年4月30日前取得。选择简易计税方法，增值税=(10 000万元－3000万元)÷(1+5%)×5%≈333.33万元，附加税=333.33万元×12%≈40万元，增值税及附加共333.33万元+40万元=373.33万元。市场交易价格变动直接影响增值税及附加金额。当资产交易价格升高时，增值税税额相应增加，不同地区的税收优惠政策也会导致增值税实际缴纳金额在这个区间内波动，进一步影响资产价值。

印花税：印花税根据交易合同金额计算，税率较低，一般为0.03%~0.05%。假设印花税税率为0.05%，对于价值1亿元的工业厂房，印花税=10 000万元×0.05%=5万元。虽然每次交易都需缴纳印花税，但因其税率相对固定，在这个狭窄区间内波动很小，对资产价值的影响相对较弱。即便交易合同金额有较大变化，由于税率基数小，印花税金额的变动对资产可变现净值的影响也不明显，所以对价值稳定性影响有限。

除税费外，还要考虑以下费用。

交易手续费：交易手续费按交易金额或资产类型收取，不同地区、交易场所收费标准不同，一般为交易金额的 0.1%～0.5%。假设按 0.1% 收取，对于价值 1 亿元的工业厂房，交易手续费 = 10 000 万元 × 0.1% = 10 万元。其金额随交易金额变动，在不同地区和交易场所，手续费率会在 0.1%～0.5% 之间波动，这增加了资产变现成本的不确定性，进而影响资产价值的稳定性。

评估费：评估费是对资产进行评估时产生的费用，通常为评估价值的 0.1%～0.5%。假设评估费费率为 0.2%，对于评估价值 1 亿元的工业厂房，评估费 = 10 000 万元 × 0.2% = 20 万元。评估价值受评估方法、评估时点、市场环境等因素影响，导致评估费在 0.1%～0.5% 这个区间内波动，间接影响资产价值的稳定性。

诉讼执行费、司法拍卖费：诉讼执行费和司法拍卖费是在资产处置过程中可能产生的法律费用，这些费用的发生具有不确定性，具体取决于资产处置是否涉及法律纠纷等情况。假设在简单处置该工业厂房的情况下，诉讼执行费、司法拍卖费为 80 万元。一旦发生法律纠纷，相关法律费用可能从极低到极高，会对资产价值稳定性造成较大冲击。

特殊行业处置费：某些特殊行业（如矿业、化工等）的资产处置可能产生的额外费用。因行业特点、环保要求、资源储量等因素，费用差异较大，具有很强的不确定性。假设该工业厂房特殊行业处置费为 150 万元，受行业因素影响，这一费用可能会大幅波动，是影响特殊行业资产价值稳定性的重要因素。

可变现净值计算

考虑变现折扣后实际可收回款项 = 10 000 万元 ×(1 - 30%) = 7000 万元。

总税费 = 土地增值税 3150 万元 + 增值税及附加 373.33 万元 + 印花税 5 万元 + 交易手续费 10 万元 + 评估费 20 万元 + 诉讼执行费、司法拍卖费 80 万元 + 特殊行业处置费 150 万元 = 3788.33 万元。

可变现净值 = 7000 万元 - 3788.33 万元 = 3211.67 万元，其在评估价值中的占比为 32.12%。

8.2.3 争得赢

生效与对抗

第二还款来源的设定需满足特定生效条件以确保其合法性，不同担保方式要求各异。质押需将质押物交付给质权人，例如企业质押定期存单给银行时，要将存单原件交给银行保管。抵押则需签订合同并办理登记手续，例如不动产抵押需在不动产登记机关办理登记。股权质押，则需在股权登记机关完成相关程序。具体可参见表 8-1。

表 8-1

资产类型	登记生效机关
住宅房产	不动产登记中心
汽车	车管所
上市公司股权	证券登记结算机构
非上市公司股权	当地工商行政管理部门

先刑后民

在执行第二还款来源过程中，可能会涉及诉讼纠纷。例如，借款人因其他经济纠纷陷入刑事诉讼，其名下作为第二还款来源的资产可能会被司法机关冻结或处置。此时，银行作为债权人，需要提前制定合理的诉讼策略，积极主张自身权益，避免资产被不合理地扣押或拖延处置。做好下面三点能提升银行在面对争执或对抗时的胜算，保障自己作为债权人的利益。

确认抵押权：《中华人民共和国民法典》第三百九十四条规定，为担保债务的履行，债务人或者第三人不转移财产的占有，将该财产抵押给债权人的，债务人不履行到期债务或者发生当事人约定的实现抵押权的情形，债权人有权就该财产优先受偿。

财产保全：《中华人民共和国民事诉讼法》第一百零三条规定，人民法院对于可能因当事人一方的行为或者其他原因，使判决难以执行或者造成当事人其他损害的案件，根据对方当事人的申请，可以裁定对其财产进行保全、责令其作出一定行为或者禁止其作出一定行为。当事人没有提出申请的，人民法院在必要时也可以裁定采取保全措施。第一百零四条规定，利害关系人因情况紧急，不立即申请保全将会使其合法权益受到难以弥补的损害的，可以在提起诉讼或者申请仲裁前向被保全财产所在地、被申请人住所地或者对案件有管辖权的人民法院申请采取保全措施。申请人应当提供担保，不提供担保的，裁定驳回申请。

作为利害关系人与公检法沟通：《中华人民共和国刑事诉讼法》第一百一十四条规定，对于自诉案件，被害人有权向人民法院直接起诉。银行在抵押物权益可能受到刑事程序影响时，可依据此条作为利害关系人向公检法机关提供证据材料，积极反映情况，主动参与到刑事诉讼程序中，维护自身合法权益。《中华人民共和国刑事诉讼法》第二百四十五条规定，对查封、扣押、冻结的财物及其孳息，应当妥善保管，以供核查，并制作清单，随案移送。任何单位和个人不得挪用或者自行处理。对被害人的合法财产，应当及时返还。银行基于此条有权密切关注抵押物（作为查封、扣押、冻结财物）的处置动态，若发现存在违法违规处置风险，可能损害其权益时，可及时与公检法部门沟通，要求依法依规妥善保管和处置抵押物，切实保障自身合法权益。

不过，与公检法部门的沟通是一项极具专业性和复杂性的工作，涉及刑事诉讼程序的诸多环节和法律规定的具体运用。因此，银行在实际操作中，最好在专业法律团队或相关专业部门及人员的协助下，有计划、有步骤、有策略地展开与公检法部门的沟通，确保自身诉求能够得到准确、有效传达和回应，最大程度维护银行的合法权益和信贷资产安全。

8.3　第二还款来源信息构建

在撰写信贷报告的第二还款来源部分时，要详细且精准地记录相关信息。对于抵质押物，要明确其品类、数量、状态等，例如房产的具体位置、面积、房龄，车辆的型号、使用年限、行驶里程等信息，确保在确认抵质押权利时，所有信息完整且合法合规，具有法律效力。同时，对于担保的相关情况，如担保人的财务状况、信用记录、担保能力评估等也要详尽记录，这些信息不仅是对第二还款来源的全面阐述，也是一个核查环节，让阅读报告的人能够一目了然地了解银行在选择和确认第二还款来源时的严谨性和完整性，从而增强信贷报告的可信度和专业性。

总之，第二还款来源的设计需遵循"选得准、还得上、争得赢"的原则，确保其与第一还款来源的风险波动不一致，并具备足够的价值和流动性。在实际操作中，需重点关注抵质押物的税费影响、法律程序的合规性以及担保人的资质评估。同时，建议在信贷报告中详细记录第二还款来源的相关信息，确保其合法和可执行。

第9章

从融资到融智：银行综合金融服务的新方向

在金融领域，银行不仅是企业融资的重要渠道，更是企业发展的"智囊团"。通过提供资金支持与专业服务，银行帮助企业优化现金管理、提升经营效率，实现从"融资"到"融智"的跨越。本章将从以下三个方面探讨银行如何通过"融智"赋能企业发展：

银行的历史溯源：从结算到融智。

企业现金管理策略：保障现金循环与加快现金周转。

银行的全方位赋能：经营、投资、融资活动中的深度参与。

9.1 银行的历史渊源：从结算到融智

9.1.1 山西票号的创新：从结算到借贷的功能演进

为充分理解银行对企业的支持，我们来看看金融发展的部分历史。

以山西平遥票号为例，其创新实践为现代银行的结算功能奠定了基础。平遥地处南北交易中心地带，当时北方商人南下购买丝绸等大宗商品时，携带大量现银不仅面临极高的安全风险，还严重影响了贸易效率。一方面，长途运输现银极易遭遇抢劫，即便借助镖局押送，也是费用高昂且仍有现银丢失风险。另一方面，行程缓慢导致资金周转效率低下，制约了商业活动的扩展。

在此背景下，平遥的商人设立了票号，推出了票据结算服务：商人可将现银兑换成便于携带的纸质票据，抵达目的地后再从分票号兑换回现银进行交易。这一举措不仅解决了现银运输的安全问题，还大幅提升了贸易效率。

随着票号业务的发展，越来越多的商人开始将收到的现银兑换成银票，以便于管理和确保安全。票号因此积累了大量的现银，但这也带来了新的挑战：现银的管理成本越来越高，票号需要为这些资产找到有效的利用途径。在这种情况下，借贷业务应运而生。票号开始将闲置的现银借给有需求的商人或其他客户，并收取利息，这为现代银行的融资功能奠定了基础。

票号的借贷业务主要服务于两类客户群体：商人和公职人员等拥有稳定收入的群体。

（1）商人：现银借贷的主要客户。

商人是票号借贷业务最重要的客户群体，现银借贷对其商业活动意义重大。在实际交易中，虽然有了票据支持，但每当遇到大宗商品私下交易或与新伙伴合作时，基于信任因素，仍会采用现银结算。因此，商人在扩大规模、增加储备时，迫切需要流动性强的现银，以便快速完成交易，抢占市场先机。

（2）公职人员等群体：拥有稳定收入的借贷客户。

除了商人，公职人员如捕快、政府官员等群体也成为向票号借贷的主体。这些群体有稳定的俸禄收入，能够按时偿还借款。他们可能因购买房产、举办婚丧嫁娶等大事，或者遇到临时的家庭变故、疾病等突发情况，产生资金需求。

总的来说，票号通过结算和借贷业务的创新，不仅解决了现银运输的安全和效率问题，还满足了商人和公职人员等群体的资金需求。这两类客户共同推动了票号业务的发展，为现代银行结算和融资功能的形成奠定了重要基础。

9.1.2 从融资到融智：银行的现代定位

在企业发展的早期阶段，由于其规模小且业务模式简单，金融需求主要集中在基础结算服务和融资支持上，信息化的需求并不显著。例如，一家小型制造企业在日常经营中，交易模式通常是简单的即时交付。即使存在赊账情况，但由于交易频次低、信息复杂度不高，企业无须建立复杂的信息记录系统。企业仅凭人脑记忆或手工记账，即可满足日常经营需求。此时，银行的服务也相对单一，主要集中在提供基础的结算和融资支持上，信息化服务并未成为银行的重要业务方向。

随着企业逐步发展壮大，业务范围不断拓展，资金管理的复杂度日益增加，银行传统的金融服务模式难以满足其需求。以一家大型制造企业为例，其原材料采购种类可能高达数千种，交易范围覆盖国内外多个地区。此时，企业不仅需要高效的结算和融资服务，更需要具备强大的信息化管理能力来支撑其复杂的运营体系。以下这个真实案例充分说明了信息流同步对企业运营的关键作用。一位持卡人在泰国完成信用卡刷卡消费后，于约定还款日前往银行柜面还款。然而，银行系统却未能查询到该笔消费记录，导致还款流程无法顺利进行。这一情况引发了持卡人与银行工作人员之间的争执。持卡人坚持自己已完成消费，并出示了相关凭证，要求银行尽快处理还款。而银行工作人员则因系统未显示该笔交易，无法确认款项来源，拒绝接受还款。双方各执一词，争执逐渐升级，甚至惊动了警察到场调解。

这一场景看似滑稽：持卡人急于还款，银行却因系统问题无法接受这笔钱。双方都不愿意"持有"这笔款项，根本原因在于信息流的缺失。银行系统未能及时同步境外消费数据，导致交易记录无法查询，进而影响了还款流程的正常进行。

这一事件充分说明，当企业规模达到一定水平后，信息流的同步跟进已成为其运营的关键支撑。无论是银行还是企业，缺乏信息的支持，不仅会导致运营效率低下，还可能引发类似的矛盾，甚至影响客户关系和品牌声誉。

为应对这种挑战，企业开始自主建设信息系统，搭建 ERP 系统便是常见举措之一。然而，在这一过程中，企业面临诸多难题。

一方面，企业在获取资金结算信息时存在较大困难。在中国金融体系中，银行是唯一能够开展不同企业间交易结算的机构，企业必须依赖银行来获取此类关键信息。为了更好地支持企业的数字化需求，银行要首先确保自身的系统高度信息化、自动化和结构化。在此基础上，银行可利用先进的数字化技术，开发一系列专门帮助企业实现高度数字化的产品和服务，如实时现金结算平台、自动化结算工具和数据解析服务等。

另一方面，中小企业由于资金相对匮乏，难以投入大量资源进行信息系统建设，但又迫切需要提升信息化处理水平。银行可凭借资源与技术优势，通过先进的数字化产品和服务，帮助中小企业完善基础信息化功能，从而满足其日益增长的信息管理需求。

时至今日，银行的职能已从传统的结算与融资，拓展至帮助企业实现信息化的"融智"服务。结算与融资作为银行的核心业务，仍是其重要的盈利来源。而信息化服务不仅是独立的盈利产品，更成为银行拓展业务渠道的重要营销手段。从"融资"到"融智"，银行的角色正随着企业需求的演变而不断升级，成为推动企业现代化发展的重要力量。

9.2　企业现金管理策略：保障现金循环与加快现金周转

正如第 5 章中所述，企业生存的本质是盈利，而能盈利的核心因素之一是现金的循环流动。企业现金管理的核心目标是确保现金循环不中断，并通过科学的策略和工具提高现金使用效率，加快现金循环的速度，实现期末现金的最大化。下面这个基本公式更清晰地展现了现金循环的逻辑：

期初现金余额＋本期现金流入－本期现金流出＝期末现金余额

为了确保这一现金循环不中断并加快现金周转速度，企业需要围绕这一公式展开管理，确保期末现金余额不为负，并尽可能地最大化期末现金余额。以下是企业现金管理的具体策略及银行的协同支持。

9.2.1 保障现金循环不中断

基于公式"**期初现金余额 + 本期现金流入 – 本期现金流出 = 期末现金余额**",保障现金循环不中断的举措之一是确保期末现金余额不小于零。为了实现这一目标,企业需要从"期初现金管理"和"现金流入与流出的准确预测"及"风险管理"三个方面入手。

期初现金管理

期初现金的充足性及其用途的分配合理性,直接影响现金循环的顺畅性。企业需要根据现金用途进行分层管理,从而有效解决流动性问题。

高流动性现金:如流动现金,用于日常经营支出,需优先保障这种资金的安全性和流动性,可适当牺牲其收益性。

低流动性现金:如用于固定资产更新的现金,可在安全的前提下追求更高的收益。

银行通过提供货币基金和短期理财产品,可以有效满足高流动性现金的需求,确保现金的灵活性与安全性。另外,针对企业的低流动性现金,银行则可提供结构性存款、债券投资等中长期产品,以期实现更高的收益。

重要的是,在营销这些理财产品时,银行客户经理应当充分理解并传达"现金分层"的理念,即根据现金的不同特性(如流动性需求、风险偏好等)匹配相应的理财产品。这样做不仅有助于优化企业的财务管理,还可以帮助企业更好地规避风险。

值得注意的是,除了现金分层管理,企业还面临现金可见性不足的问题。很多时候,尽管企业账上有现金,但由于信息化程度低,导致现金可见性不足，无法有效匹配支出需求。例如，对于集团企业而言，现金分散在不同子企业，导致现金可见性不足，影响整体现金使用效率。传统上，企业可以通过现金集中管理来解决这一问题，但现金归集往往要求财务部门重新定位，涉及组织结构的重大调整。在企业快速扩张阶段，子企业通常需要灵活的决策能力，不适合采用集中管理模式。此时，银行提供的虚拟现金池服务成为一种理想的解决方案。虚拟现金池在不实际集中现金的情况下，通过信息同步技术，实现集团内现金的集中监控和统筹使用。例如，某集团企业通过虚拟现金池，将分散在10个子企业的现金信息同步到总部，显著提高了现金利用效率。

通过上述措施，企业可以确保期初现金的充足性和可见性：一是确保有足够的账上留存现金，并在流动性和收益性之间找到平衡点，前提是保证现金的安全性。二是通过信息化手段提高现金可见性，随时了解账上的现金状况，从而有效安排支出，避免资金链断裂。只要企业在期初现金管理上做到位，并结合有效的现金流入与流出管理，就可以有效防止现金流中断的问题，确保期末现金余额不会小于零，从而保障企业的正常运营和持续发展。

现金流入与流出的准确预测

企业需要准确预测现金流入和流出，以确保期初现金余额加上期间现金流入后，能够覆盖期间现金流出。现金流入主要包括两部分：一是应收（包括应收票据、应收账款等）到期后形成的现金流入，二是新增销售收入形成的现金流入。新增销售收入的管理将在"开源节流"部分详细讨论，这里主要关注的是应收到期引起的现金流入管理。

此外，对现金流出，尤其是对稳定的流出（如原材料采购、工资福利等）也需要加强管理。企业要明确未来支出的金额和时间分布，这样才能确保收入和支出相匹配，实现现金的动态平衡。

银行通过票据池这一类型的金融产品，帮助企业实时监控应收票据和应收账款的现金流入情况。例如，某制造业企业通过票据池管理，明确了未来 6 个月的应收票据到期时间和金额分布，为现金支出规划提供了依据。

同时，银行还提供智能支出管理产品（如某商业银行的发票云和薪福通），帮助企业监控现金流出（如原材料采购和工资福利方面的支出），从而实现收支的动态平衡。

风险管理

仅做好现金流入和流出的预测是不够的，企业还需做好相应的风险管理。因为预测做得再好，也难以完全精准。外界的各种不确定性会影响现金流入和流出的准确性，导致其发生波动，而这种不确定性正是需要管理的内容。

例如，企业现金流入为美元，会造成人民币计价的现金流入发生波动。若管理不善，可能出现美元收款金额确定，但人民币收款金额不确定，在流出金额确定的情况下，人民币收款金额无法覆盖必要的流出。反之，企业现金流出为美元时，若未做好风险防范，会造成人民币计价的现金流出发生波动。

此外，企业还需关注利率变动对财务费用的影响。例如，浮动利率贷款或债券的利息支出，可能随市场利率波动而增加，导致现金流出超出预期。

银行有诸如远期结售汇、利率互换等产品帮助企业应对这些情况。通过合理运用这些工具，企业可以在面对市场的不确定性时，保持财务稳定，确保现金流的平稳运行。

通过以上三方面的综合管理，企业可以有效地保障现金循环不中断，确保运营的连续性和稳定性。

9.2.2 加快现金周转

根据公式"**期初现金余额 + 本期现金流入 − 本期现金流出 = 期末现金余额**"，加快现金周转的核心是最大化期末现金余额。为了实现这一目标，企业需要从"早收晚付"和"开源节流"两个方面入手。下面是一些典型银行产品的举例。

早收策略

聚合收款服务

企业收款面临多种平台和工具（如微信支付、支付宝、银行卡等），多个平台和收款工具之间频繁切换会导致收款速度慢、运营效率低且易出错。银行提供的聚合收款服务，将不同收款工具整合在一个二维码或平台上，实现统一收款。这不仅简化了收款流程，还提高了现金到账速度，体现了"早收"的理念。

供应链融资

针对核心企业的下游经销商，银行提供供应链融资服务。核心企业基于交易链条的信用背书，增强银行对下游经销商的信任，从而为经销商提供融资支持。经销商获得现金后，能够及时支付货款，帮助核心企业实现"早收"。例如，某制造企业通过供应链融资，将下游经销商的付款周期从 60 天缩短至 30 天，显著加快了现金回收。

晚付策略

账户结构的优化：从实体账户到虚拟账户

企业规模扩大后，付款项目繁多，传统的实体账户管理模式效率低下。银行通过虚拟账户产品，帮助企业优化账户结构。企业只需在一家银行开立一个主账户，针对重要支付项目（如纳税、工资发放、供应商付款等）开设虚拟子账户。

虚拟账户的优势在于：

集中管理：企业可以在一个主账户下查看所有子账户的现金情况，避免多处开立账户。

简化操作：企业可通过一个终端（如网银或支付平台）统一处理所有重要支付项目（如纳税、工资发放、供应商付款等），不需要在多个银行或终端之间切换，大幅简化操作流程，提高工作效率，降低出错概率。

但虚拟账户并不能真正实现"晚付"。为了确保重要支出项目不会因付款延迟而受影响，即便使用虚拟账户进行现金管理，仍需在重要的支付账户中预留足够的现金。这部分现金在正式支出前被锁定在特定账户内，无法用于其他用途，实际上造成了现金的闲置。相比之下，零余额账户才能够实现真正的"晚付"。

零余额账户

零余额账户是虚拟账户的进一步升级。该账户平时不需要预先存放现金，只有在付款时（如对方扣款或自动付款）才从主账户划拨所需金额到零余额账户来完成支付。这种模式的优势在于：

现金利用率最大化：企业不需要提前准备现金，可以将现金集中用于其他收益更高的用途。

降低操作风险：零余额账户的自动化扣款功能，减少了人工操作，降低了出错风险。

开源节流

开源策略：销售云

银行为中小企业提供销售云平台，帮助企业解决产品展示、订单管理和收款等问题。与电商平台不同，销售云平台为企业打造独立的展示空间，客户进入后只能看到该企业的产品。平台还支持订单系统对接、发货管理和收款功能，并通过数据分析和人工智能技术，帮助企业优化销售策略，促进收入增长。

节流策略：采购卡与财资管理云

采购卡：传统采购过程中，管理不善可能导致现金流出浪费。银行提供的采购卡，记录所有采购信息并同步到企业内部系统，便于备查和监督，能有效控制采购环节的现金流出浪费。

财资管理云：银行通过财资管理云等大系统，整合企业的收入、支出等信息，帮助企业梳理和管理各类成本，并提出优化建议，降低企业不合理的现金流出。

9.3 银行的全方位赋能：经营、投资、融资活动中的深度参与

9.3.1 经营层面：结算服务的基础支持

在企业的经营活动中，结算服务是银行提供的基础服务，也是最重要的服务之一。正如前面所述，银行通过虚拟现金池、票据池管理、销售云等产品和服务，帮助企业实现现金流的顺畅循环和高效管理。这些服务不仅解决了企业在现金分层管理、现金可见性和现金循环管理中的痛点，还为企业提供了开源节流的工具，助力企业在经营层面实现精细化管理和效率提升。

总体来看，银行在经营层面对企业的支持主要体现在以下几个方面：

现金管理的精细化：通过虚拟现金池、理财产品分层等产品对接，帮助企业实现现金的集中管理和高效使用。

收支匹配的动态平衡：通过票据池、薪福通等工具，帮助企业实现现金流入与流出的动态匹配。

风险管理的强化：通过远期结售汇和互换等产品，帮助企业应对外汇和利率风险，确保经营过程中现金波动的可控性。

现金周期的优化：通过供应链金融、零余额账户等服务，帮助企业加快现金循环，提高现金使用效率。

9.3.2 投资层面：专业评估与资源对接

从企业层面来看，投资活动是未来经营活动竞争优势的关键所在。当下若不投资，未来经营就可能失去竞争力，这正是企业老板常感叹

"投资找死，不投资等死"的原因。"投资找死"是指投资活动资金投入大，一旦决策失误，企业可能面临资金链断裂的危机。"不投资等死"则是指若不投资，企业将因经营缺乏竞争力而被市场淘汰。这并非否定投资的重要性，而是强调投资决策需非常谨慎。

下面介绍银行能够为企业提供的关键支持。

专业支持

企业进行投资决策时，无论是上马新项目，还是并购其他企业，都需要进行详细的现金流测算和目标企业估值。银行凭借其在项目贷款和并购贷款以及资产处置中的丰富经验，能够提供全面的支持。

现金流预测与估值

银行可以利用其丰富的项目贷款和并购贷款经验，帮助企业进行精准的现金流预测和目标企业的估值。

现金流预测：确保投资项目的财务可行性。

企业估值：

（1）现金流折现法（DCF）：估算未来预期现金流的当前价值。

（2）市场比较法：通过对比市场上类似企业的交易价格来确定目标企业的价值。

法律保障与资产整合

除了财务支持外，银行在资产分割和交易过程中的法务处理方面也有成熟的经验，能够为企业提供全方位的支持。

资产评估与整合：帮助高效、合规地完成资产整合工作。

法务支持：提供专业的法律意见和支持，确保交易在法律框架内进行，保护企业利益。

风险管理

银行的专业团队不仅帮助企业进行现金流预测和估值，还能识别并评估投资过程中的各种风险，并提供相应的应对策略。比如，在风险管理方面，识别并评估如汇率波动、利率变动等风险，提供应对策略，降低不确定性带来的影响。

资源支持

在中国，企业之间的合作范围有限，并非所有企业都能直接找到合适的合作伙伴。但所有企业均与银行有着密切的关系：一方面，企业需要在银行开户并进行结算，因为只有银行具备开展结算业务的资格；另一方面，企业的发展离不开资金融通。因此，银行作为金融体系的核心，拥有全面的企业资料和资源网络，能够在存量资产整合过程中发挥重要的信息中介作用，帮助企业找到合适的并购目标或合作伙伴。

可以说，在投资层面，银行不仅能够为企业提供现金流测算等专业支持，还能通过资源对接助力企业实现投资目标，为企业的未来发展奠定坚实基础。

9.3.3 融资层面：从资金支持到智力赋能

融资是银行传统且核心的功能。然而，企业在生命周期的不同发展阶段，融资需求各异。银行主要满足企业在成长期和成熟期的大部分资金需求，而其他阶段并非由银行提供资金融通。即使是成长期、成熟期的融资需求，也并非由一家银行独自承担。

银行与多家企业合作，熟悉企业不同生命周期的融资特征。作为金融体系中的关键一环，银行与各类金融机构紧密协作，构建起丰富的资金融通网络。这使得银行能够充分把握企业在不同发展阶段的资金需求特点，例如成长期前期对风险投资、天使投资等资金类型的需求。同时，凭借广泛的业务联系和专业能力，银行能够作为关键的资金中介平台，对接各类资金提供方。这一优势让银行在特定阶段，助力企业获取除银行融资外的其他资金，满足企业特定阶段的资金需求。

即便对于银行较易接受的成长期、成熟期阶段的企业资金需求，当资金规模较大时，从风险管理角度，一家银行也难以独自承担全部风险。这种情况下，贷款银行可以满足企业一定额度的资金需求，还能够整合其他银行资源，共同提供适合的资金支持，全面满足企业需求。

在企业发展的各个阶段，银行通过持续创新产品和服务，逐步完成了从"融资"到"融智"的转型，成为综合金融服务提供商；从最初的结算服务，逐步深入参与到企业的经营、投资和融资活动中来。这种转变让银行不仅能解决企业的实际问题，还能站在更高的角度，为企业提供前瞻性的支持，帮助企业在复杂的市场环境中成长。

作为金融体系的重要组成部分，银行依靠丰富的经验和广泛的资源网络，已经不仅仅是企业眼中的"资金来源"，而且还是值得信赖的合作伙伴。无论是帮助企业优化现金管理，还是协助制定投资策略，银行都能根据企业的实际情况，量身定制解决方案，真正实现"雪中送炭"和"锦上添花"。

未来，随着数字化技术的发展，科技与金融服务融合速度会更快，银行能推出更多先进、实用的金融产品。

总的来说，银行与企业之间的关系正在从简单的"资金供需"转变为深度的"双向赋能"。这种合作模式不仅让双方共同受益，也成为金融生态发展的新方向。

POSTSCRIPT
后 记

　　自初次踏入风险管理领域，二十余载转瞬即逝。犹记当年，我不过是个满怀热忱的青涩新人，对这个充满挑战与机遇的领域满怀憧憬，一路摸索前行。如今，时光匆匆，笔者已在这个行业里度过了漫长岁月，成为旁人眼中的"老人"。

　　在本书写作期间，我竭尽全力，严谨地梳理思路，积极与同行探讨，力求将内容概括得精准全面。然而我明白，知识的海洋无边无际，本书也难免存在局限，仅能代表我个人观点，绝不敢妄称行业至臻之作。

　　写书的日子里，最想感谢的是我的父母。小时候我没少让他们操心，成长途中，他们的督促与期许，虽偶让我感到压力，却也是我前行的动力。这份源自心底的责任感，驱使我在写作之路上坚持，终完成此书。

　　同时，我也无比感激我的妻子。写书期间，各种承诺都成了空话。她只是默默把家里操持得妥妥当当。孩子的生活与学业、老人的日常，还有家里的大小琐事，全落在她一个人肩上。当我为了一个数据、一个案例反复琢磨时，她早已把生活的难题都解决好，给我腾出安心写作的空间。这本书能写完，离不开她无数个日夜的付出。

这本书能顺利完成，特别要感谢本书的策划编辑。六年前，这份写作计划正式提上日程。六年来，若不是她始终如一的鼓励与督促，这本书恐怕难以面世。

最后，要感谢平安银行太原分行法律合规部总经理郝鹏先生，招商银行沈阳分行授信审批部副总经理高砚女士和南开大学金融学教授何青先生。在书稿修改期间，他们倾囊相授，分享的专业见解与宝贵建议，让这本书更加充实、严谨。

书里写的，都是这些年工作中实实在在的经验与感悟。希望翻开这本书的同行，能从中找到些许启发。于我而言，写完这本书，也算对过往有了个交代，心里踏实了许多。

衷心期待与更多专业人士交流切磋，共同推动风险管理领域的进步。若您有任何见解或想法，欢迎联系我，联系电话：18622216259。

会 计 极 速 入 职 晋 级

书号	定价	书名	作者	特点
66560	49	一看就懂的会计入门书	钟小灵	非常简单的会计入门书；丰富的实际应用举例，贴心提示注意事项，大量图解，通俗易懂，一看就会
44258	49	世界上最简单的会计书	[美] 穆利斯 等	被读者誉为最真材实料的易懂又有用的会计入门书
77022	69	新手都想看的会计入门书	[日] 吉成英纪	独创口诀形式，可以唱读；运用资产负债法有趣讲解，带你在工作和生活中活学活用
71111	59	会计地图：一图掌控企业资金动态	[日] 近藤哲朗 等	风靡日本的会计入门书，全面讲解企业的钱是怎么来的，是怎么花掉的，要想实现企业利润最大化，该如何利用会计常识开源和节流
59148	69	管理会计实践	郭永清	总结调查了近1000家企业问卷，教你构建全面管理会计图景，在实务中融会贯通地去应用和实践
69322	59	中小企业税务与会计实务（第2版）	张海涛	厘清常见经济事项的会计和税务处理，对日常工作中容易遇到的重点和难点财税事项，结合案例详细阐释
42845	30	财务是个真实的谎言（珍藏版）	钟文庆	被读者誉为最生动易懂的财务书；作者是沃尔沃原财务总监
76947	69	敏捷审计转型与超越	[瑞典] 托比·德罗彻	绝佳的敏捷审计转型指南，提供可学习、可借鉴、可落地的系统解决方案
75747	89	全面预算管理：战略落地与计划推进的高效工具	李欣	拉通财务与经营人员的预算共识；数字化提升全面预算执行效能
75945	99	企业内部控制从懂到用（第2版）	冯萌 等	完备的理论框架及丰富的现实案例，展示企业实操经验教训，提出切实解决方案
75748	99	轻松合并财务报表：原理、过程与Excel实战（第2版）	宋明月	87张大型实战图表，教你用EXCEL做好合并报表工作；书中表格和合并报表编制方法可直接用于工作实务
70990	89	合并财务报表落地实操	蔺龙文	深入讲解合并原理、逻辑和实操要点；14个全景式实操案例
77179	169	财务报告与分析：一种国际化视角（第2版）	丁远 等	从财务信息使用者角度解读财务与会计，强调创业者和创新的重要作用
64686	69	500强企业成本核算实务	范晓东	详细的成本核算逻辑和方法，全景展示先进500强企业的成本核算做法
74688	89	优秀FP&A：财务计划与分析从入门到精通	詹世谦	源自黑石等500强企业的实战经验；7个实用财务模型
75482	89	财务数字化：全球领先企业和CFO的经验	[英] 米歇尔·哈普特	从工程师、企业家、经济学家三个视角，讨论财务如何推动企业转型的关键杠杆
74137	69	财会面试实用指南：规划、策略与真题	宋明月 等	来自资深面试官的真实经验，大量面试真题
55845	68	内部审计工作法	谭丽丽 等	8家知名企业内部审计部长联手分享，从思维到方法，一手经验，全面展现
72569	59	超简单的选股策略：通过投资于身边的公司获利	爱德华·瑞安	简单易学的投资策略，带你找到对你来说有可能赚钱的股票，避免错过那些事后会后悔没买进的好股票
73601	59	逻辑学的奇妙世界：提升批判性思维和表达能力	[日] 野矢茂树	资深哲学教授写作的有趣入门书；适合所有想在工作、学习和生活中变得更有逻辑的人
60448	45	左手外贸右手英语	朱子斌	22年外贸老手，实录外贸成交秘诀，提示你陷阱和套路，告诉你方法和策略，大量范本和实例
70696	69	第一次做生意	丹牛	中小创业者的实战心经；赚到钱、活下去、管好人、走对路，实现从0到亿元营收跨越
70625	69	聪明人的个人成长	[美] 史蒂夫·帕弗利纳	全球上亿用户一致践行的成长七原则，护航人生中每一个重要转变

财务知识轻松学

书号	定价	书名	作者	特点
71576	79	IPO财务透视：注册制下的方法、重点和案例	叶金福	大华会计师事务所合伙人作品，基于辅导IPO公司的实务经验，针对IPO中最常问询的财务主题，给出明确可操作的财务解决思路
58925	49	从报表看舞弊：财务报表分析与风险识别	叶金福	从财务舞弊和盈余管理的角度，融合工作实务中的体会、总结和思考，提供全新的报表分析思维和方法，黄世忠、夏草、梁春、苗润生、徐珊推荐阅读
62368	79	一本书看透股权架构	李利威	126张股权结构图，9种可套用架构模型；挖出38个节税的点，避开95个法律的坑；蚂蚁金服、小米、华谊兄弟等30个真实案例
70557	89	一本书看透股权节税	李利威	零基础50个案例搞定股权税收
62606	79	财务诡计（原书第4版）	[美]施利特 等	畅销25年，告诉你如何通过财务报告发现会计造假和欺诈
70738	79	财务智慧：如何理解数字的真正含义（原书第2版）	[美]伯曼 等	畅销15年，经典名著；4个维度，带你学会用财务术语交流，对财务数据提问，将财务信息用于工作
67215	89	财务报表分析与股票估值（第2版）	郭永清	源自上海国家会计学院内部讲义，估值方法经过资本市场验证
73993	79	从现金看财报	郭永清	源自上海国家会计学院内部讲义，带你以现金的视角，重新看财务报告
67559	79	500强企业财务分析实务（第2版）	李燕翔	作者将其在外企工作期间积攒下的财务分析方法倾囊而授，被业界称为最实用的管理会计书
67063	79	财务报表阅读与信贷分析实务（第2版）	崔宏	重点介绍商业银行授信风险管理工作中如何使用和分析财务信息
58308	69	一本书看透信贷：信贷业务全流程深度剖析	何华平	作者长期从事信贷管理与风险模型开发，大量一手从业经验，结合法规、理论和实操融会贯通讲解
75289	89	信贷业务全流程实战：报表分析、风险评估与模型搭建	周艺博	融合了多家国际银行的信贷经验；完整、系统地介绍公司信贷思维框架和方法
75670	89	金融操作风险管理真经：来自全球知名银行的实践经验	[英]埃琳娜·皮科娃	花旗等顶尖银行操作风险实践经验
60011	99	一本书看透IPO：注册制IPO全流程深度剖析	沈春晖	资深投资银行家沈春晖作品；全景式介绍注册制IPO全貌；大量方法、步骤和案例
65858	79	投行十讲	沈春晖	20年的投行老兵，带你透彻了解"投行是什么"和"怎么干投行"；权威讲解注册制、新证券法对投行的影响
73881	89	成功IPO：全面注册制企业上市实战	屠博	迅速了解注册制IPO的全景图，掌握IPO推进的过程管理工具和战略模型
77436	89	关键IPO：成功上市的六大核心事项	张媛媛	来自事务所合伙人的IPO经验，六大实战策略，上市全程贴心护航
70094	129	李若山谈独立董事：对外懂事，对内独立	李若山	作者获评2010年度上市公司优秀独立董事；9个案例深度复盘独董工作要领；既有怎样发挥独董价值的系统思考，还有独董如何自我保护的实践经验
74247	79	利润的12个定律（珍藏版）	史永翔	15个行业冠军企业，亲身分享利润创造过程；带你重新理解客户、产品和销售方式
69051	79	华为财经密码	杨爱国 等	揭示华为财经管理的核心思想和商业逻辑
73113	89	估值的逻辑：思考与实战	陈玮	源于3000多篇投资复盘笔记，55个真实案例描述价值判断标准，展示投资机构的估值思维和操作细节
62193	49	财务分析：挖掘数字背后的商业价值	吴坚	著名外企财务总监的工作日志和思考笔记；财务分析视角侧重于为管理决策提供支持；提供财务管理和分析决策工具
74895	79	数字驱动：如何做好财务分析和经营分析	刘冬	带你掌握构建企业财务与经营分析体系的方法
58302	49	财务报表解读：教你快速学会分析一家公司	续芹	26家国内外上市公司财报分析案例，17家相关竞争对手、同行业分析，遍及教育、房地产等20个行业；通俗易懂，有趣有用
77283	89	零基础学财务报表分析	袁敏	源自MBA班课程讲义；从通用目的、投资者、债权人、管理层等不同视角，分析和解读财务报表；内含适用于不同场景的分析工具